中国人民大学研究报告系列

中国能源经济展望

2016

CHINA ENERGY ECONOMY OUTLOOK

主　编　郑新业　陈占明

中国人民大学出版社
· 北京 ·

总 序

陈雨露

当前中国的各类研究报告层出不穷，种类繁多，写法各异，成百舸争流、各领风骚之势。中国人民大学经过精心组织、整合设计，隆重推出由人大学者协同编撰的“研究报告系列”。这一系列主要是应用对策型研究报告，集中推出的本意在于，直面重大社会现实问题，开展动态分析和评估预测，建言献策于咨政与学术。

“学术领先、内容原创、关注时事、咨政助企”是中国人民大学“研究报告系列”的基本定位与功能。研究报告是一种科研成果载体，它承载了人大学者立足创新，致力于建设学术高地和咨询智库的学术责任和社会关怀；研究报告是一种研究模式，它以相关领域指标和统计数据为基础，评估现状，预测未来，推动人文社会科学研究成果的转化应用；研究报告还是一种学术品牌，它持续聚焦经济社会发展中的热点、焦点和重大战略问题，以扎实有力的研究成果服务于党和政府以及企业的计划、决策，服务于专门领域的研究，并以其专题性、周期性和翔实性赢得读者的识别与关注。

中国人民大学推出“研究报告系列”，有自己的学术积淀和学术思考。我校素以人文社会科学见长，注重学术研究咨政育人、服务社会的作用，曾陆续推出若干有影响力的研究报告。譬如自 2002 年始，我们组织跨学科课题组研究编写的《中国经济发展研究报告》、《中国社会发展研究报告》和《中国人文社会科学发展研究报告》，紧密联系和真实反映我国经济、社会和人文社会科学发展领域的重大现实问题，十年不辍，近年又推出《中国法律发展报告》等，与前三种合称为“四大报告”。此外还有一些散在的不同学科的专题研究报告也连续多年，在学界和社会上形成了一定的影响。这些研究报告都是观察分析、评估预测政治经济、社会文化等领域重大问题的专题研究，其中既有客观数据和事例，又有深度分析和战略预测，兼具实证性、前瞻性和学术性。我们把这些研究报告整合起来，与人民大学出版资源相结合，再做新的策划、征集、遴选，形成了这个“研究报告系列”，以期放大规模效应，扩展社会服务功能。这个系列是开放的，未来会依情势有所增减，使其动态成长。

中国人民大学推出“研究报告系列”，还具有关注学科建设、强化育人功能、推进协同创新等多重意义。作为连续性出版物，研究报告可以成为本学科学者展示、交流学术成果的平台。编写一部好的研究报告，通常需要集结力量，精诚携手，合作者随报告之连续而成为稳定团队，亦可增益学科实力。研究报告立足于丰厚素材，常常动员学生参与，可使他们在系统研究中得到学术训练，增长才干。此外，面向社会实践的研究报告必然要与政府、企业保持密切联系，关注社会的状况与需要，从而带动高校与行业企业、政府、学界以及国外科研机构之间的深度合作，收“协同创新”之效。

为适应信息化、数字化、网络化的发展趋势，中国人民大学的“研究报告系列”在出版纸质版本的同时将开发相应的文献数据库，形成丰富的数字资源，借助知识管理工具实现信息关联和知识挖掘，方便网络查询和跨专题检索，为广大读者提供方便适用的增值服务。

中国人民大学的“研究报告系列”是我们在整合科研力量，促进成果转化方面的新探索，我们将紧扣时代脉搏，敏锐捕捉经济社会发展的重点、热点、焦点问题，力争使每一种研究报告和整个系列都成为精品，都适应读者需要，从而铸造高质量的学术品牌、形成核心学术价值，更好地担当学术服务社会的职责。

前　　言

能源是人类社会生存发展的重要物质基础，攸关国计民生和国家战略竞争力。在推动社会进步方面，煤、电这两种能源先后在两次工业革命中发挥了巨大作用；石油作为能源的主要组成部分，也产生了很大的影响。我国经济发展步入新常态以来，能源消费增速趋缓，发展质量和效率问题突出，能源经济发展任重而道远。

目前，我国能源发展主要受到两个方面的局限。一方面，中国能源总量比较丰富，但由于人口众多及开发难度大等原因，面临着严重的能源短缺问题。另一方面，中国能源生产和消费结构不甚合理，能源使用效率低下，环保问题日渐突出。我国能源发展"十三五"规划提出，"十三五"时期是全面建成小康社会的决胜阶段，也是推动能源革命的蓄力加速期，牢固树立和贯彻落实创新、协调、绿色、开放、共享的发展理念，遵循能源发展"四个革命、一个合作"战略思想，深入推进能源革命，着力推动能源生产利用方式变革，建设清洁低碳、安全高效的现代能源体系，是能源发展改革的重大历史使命。

本报告响应我国能源发展"十三五"规划，从电力和油气体制改革、页岩气发展、火力发电、高耗能行业发展、亚太石油供需及电力行业的普遍服务这些具体方面，对我国能源经济发展进行了初步的评估与展望。

在本报告写作中，不同作者对书稿写作、修改和完善做出了大量贡献。各章节安排和贡献者分别如下：

第一章介绍了目前中国电力体制改革的必要性、改革的主要措施、初步成就与面临的挑战，由郑新业、郭琎、傅佳莎执笔。

第二章介绍了我国油气产业存在的问题，借鉴国际经验，提出了我国油气体制改革的基本思路，由郑新业、张蕾执笔。

第三章对中国页岩气产业发展特点进行了总结，并分析了页岩气发展前景和影响因素，由陈晓兰、秦萍、胡鹏程执笔。

第四章对中国火电企业发电利用小时数分配的影响因素进行了研究，由吴双、秦萍、谢伦裕执笔。

第五章运用实证分析的方法研究了我国高耗能行业发展与能源消费情况，由郑新业、吴施美执笔。

第六章基于地缘政治视角，介绍了亚太地区石油供需矛盾问题，由邹慧龙、许勤华、夏晓华执笔。

第七章以电力行业为例，介绍了普遍服务的内涵及管制问题，由郑新业、胡竞秋执笔。

由于笔者能力有限，本报告难免存在不足，恳请专家和读者批评指正。

目录

第一章　当前中国电力体制改革的措施、成就与挑战

一、电力体制改革的必要性

中国已成为世界第一大能源消费国，能源可持续发展面临巨大挑战。一是能源需求旺盛，能源使用效率低于世界平均水平，能源供给压力巨大。二是能源供给和能源需求以煤为主，绿色清洁能源匮乏。三是经济结构上，第二产业仍是国民经济核心，经济结构调整一直是中国经济政策的目标。四是能源生产和消费过程中负外部性明显，环境污染严重。五是能源价格非市场化扭曲严重，政府和民众担心能源价格波动的冲击。六是能源安全压力巨大，主要能源对外依存度上升，应对外来冲击的能力不强。七是中国地方节能减排与发展存在冲突。为此，习近平总书记提出了“能源革命”重大战略，李克强总理也做出了重要部署。电力是重要的能源品种之一，电力领域的问题也更具代表性和紧迫性，电力改革应该说是能源改革的杠杆，是能源革命的突破口。中央全面深化改革领导小组（中央深改组）推出的22号文也以电力产业为着眼点，率先拉开了能源改革的大幕。

从整体上看，中国现行电力行业发电侧的电力来源以火电为主，水电为辅，核电、风电和太阳能发电占比不大，部分用户有自备电厂。输配体系在全国是国家电网和南方电网在区域内垄断运营，电力需求以工商业为主，居民用电为辅。电力行业发展中的几个特征不容忽视，具体如下：

第一，中国电力供给满足了全社会的用电需求。全社会的用电量从1991年的0.7亿千瓦时增加到2014年的5.5万亿千瓦时。这期间，全社会用电量以年均9.6%的速度增长，有12个年份的增长率超过了10%，有2个年份的增长率超过了

15%。电力既是经济和社会发展的基本投入品，也是人们生活的必需品，电力的高速增长是经济增长和人民生活改善的前提。从这点上看，保障电力需求的社会贡献不应该被低估。

第二，电力生产中污染物排放较大，负外部性凸显。在以煤电为主的电力供给侧，纵向比较来看，发电煤耗有一定的下降；但横向比较来看，仍显著高于国际平均水平；即使是从我国行业内比较的角度来看，大量发电企业的煤耗依然很高。更需要注意的是，一些发电煤耗较低、发电效率较高的机组并没有得到有效利用。此外，尽管脱硫脱硝设施安装取得了巨大进展，但发电企业缺少使用脱硫脱硝设施的激励，政府也缺少监管的设备和人力。因此，火电企业的污染排放问题被很多人诟病，如何挖掘其节能减排的潜力也同样被广泛讨论。伴随着电力供给的高速增长，电力行业的污染和排放问题也越来越严重。许多人把雾霾天数的增加、PM2.5 问题的严重程度，以及中国二氧化碳排放快速增长等问题直接与火电规模扩张相联系。本地污染问题和二氧化碳排放带来的全球压力是当今中国电力行业面临的最为严重的问题。

第三，电力价格体系较为复杂。其复杂性体现在以下几个方面。其一，可以说中国电力行业在价格上表现优异，这体现为我国电力价格水平较低，企业用电成本不高，家庭电力消费支出占其总支出的比重较低；也可以说中国电力行业在价格上表现差劲，这体现为我国电力价格并没有反映发电过程中排放和污染所造成的损失以及输配电价中包含的输配电成本存在高估的问题。其二，各类销售电价之间存在交叉补贴，包括不同电压等级之间的交叉补贴，工商业用户和居民之间的交叉补贴，以及城市用户和农村用户之间的交叉补贴。我们很难对交叉补贴的制度安排进行评价。一方面，由于交叉补贴的存在，价格不能反映成本，存在能源过度使用造成的效率损失。另一方面，由于我国没有征收环境税，而电力行业的交叉补贴其实是某种形式的环境税，部分电力用户承担了高于电力生产成本的价格，这具有“双重红利”效应：倒逼高耗能产业转型，实现绿色红利；补贴居民，提升居民福利。在交叉补贴制度安排的背后，由于我国民众和政府认为电力供给是基本的公共服务，因而要求电网企业承担电力普遍服务的义务。

第四，电网垄断带来的问题难以估量。在输配电环节，电网的垄断经营导致过度投资，造成电网资产膨胀（“A-J 效应”）。此外，X 非效率以及价值向上、下游企业转移等问题在电力行业中也或多或少存在。

第五，对电力行业的监管效果不佳。由于电网的自然垄断性质，政府对电网企业的监管一直是电力产业组织的核心内容。从这个角度看，新的国家能源局成立以后，原来电监会的职能萎缩，对电力行业的监管不仅没有进展，反而出现了大幅度的后退。应该说，目前我国政府对电力行业的监管效果不佳，电监会职能萎缩是电力体制改革（以下简称“电改”）走过的“弯路”。

第六，电力和产业结构调整之间的关系也需要纳入电力体制改革讨论范围。对企业而言，电力是重要的能源投入品，其产量和价格对下游产品有非常重要的影响。因此，电力体制改革目标和其他政策目标之间是否存在冲突是一个非常重要的问题。在这一方面，其中之一是产业结构调整，目标是降低高耗能产业的比重。而电力价格对企业的设备选择和能耗水平有很大的影响。现行电力价格较低，对产业结构调整的积极作用不大，一定程度上甚至是造成产业结构调整不力的重要原因。

总结起来，现行电力体制安排的优点包括：第一，以较低的价格水平满足了全社会的电力需求，保障了企业和居民的用电安全。第二，通过交叉补贴和普遍服务，电网部分承担了民政部和财政部补贴低收入人群用电需要、实现再分配等职能。第三，电网具有熨平供给和需求两侧的不确定性的功能，部分起到了“水库”或者“保险公司”的作用。现行电力体制安排也有明显的缺点，包括：电力价格没有反映全部生产成本，如污染和排放没有定价、外部成本没有内部化等；不利于产业结构调整；电网垄断经营导致的资产膨胀、X 非效率、价值输送、管制俘虏等问题未能缓解；政府监管效果不佳；等等。

二、电力体制改革的主要措施

（一）“电改九号文”及配套文件

《中共中央 国务院关于进一步深化电力体制改革的若干意见》（中发〔2015〕9号）（以下简称“电改九号文”）为本轮电力体制改革指明了方向。本轮电力体制改革围绕“在可竞争领域建立市场，在自然垄断领域实施有效监管”展开，涉及输配电价改革、电力市场建设、电力交易机构组建运行以及放开发用电计划四个领域。总体上看，改革重点和基本路径可以概括为“三放开、一相对独立、三强化”。“三放开”是指有序放开新增配售电市场，有序放开输配以外的经营性电价，有序放开公益性和调节性以外的发用电计划。“一相对独立”是指交易机构相对独立。“三强化”是指强化政府监管，强化电力统筹规划，强化电力安全高效运行和可靠供应。具体内容如下：

一是界定电网性质。电网企业未来主要从事电网投资运行、电力传输配送，负责电网系统安全，保障电网公平无歧视开放，按国家规定履行电力普遍服务义务。电网企业的运营模式将由之前的营利性单位变为公用事业单位；盈利模式从以往的购售电差价转变为成本和合理利润相结合的模式。电网企业只收取政府核定的输配电价，起到“电力输送通道”的作用。

二是放开售电侧。改革之前，售电侧主要是指国家电网，它购买电力企业的发电量，再卖给终端用户，赚取售电差价。售电侧放开相当于发电企业以售电者的身份直接面对用户，不让电网企业在中间过一道手了。以前就卖给电网企业一家，现在发电企业开始组建售电公司，建立营销队伍，自己操心怎么卖。

三是理顺电价机制。“三放开”是为了在发电侧和售电侧建立电力市场而提出的，目的是将发电侧原有的发电计划和上网电价放开，将售电侧原有的用电计划和终端用户电价放开。政府把定价权交出来，让供需双方自主交易形成价格，有利于形成发用电市场。最终，电价体系主要由发电价格、输配电价格和售电价格构成，其中输配电价格由政府核定，发电价格和售电价格由市场形成。

四是输配分开、调度独立被取而代之，改为“放开两头，管住中间”，强化政府监管。从国际电力体制改革的经验来看，输配分开和调度独立未必是科学合理的选择。这样的安排也存在很多弊端，例如电网投资、规划、运行和检修的协调性会下降，甚至会影响电网运行的安全。“电改九号文”没有要求调度独立，而是强化政府对输配电环节的严格监管。这使得电网公司无法通过低买高卖赚取差价获利，只能通过增加售电量来实现盈利。电网已无法通过调度牟取额外利润，调度自然也就没有必要独立于输配电环节之外。可见，输配分开不是目的，优化调度、提高效率才是目的。

五是发展可再生能源和分布式电源。落实可再生能源发电保障性收购制度在文件中被明确提及，政策保障落实力度将加大，对新能源与能源互联网具有明显的政策红利。分布式能源发展问题在本轮电改方案中得到了足够的重视，涉及自发自用、并网服务、自备电厂、放开用户侧分布式电源等多个方面。

六是多途径培育市场主体。明确了新的售电主体，分别是符合条件的高新产业园区或经济技术开发区，社会资本投资组建的售电公司，供水、供气、供热等公共事业公司和节能服务公司，符合条件的发电企业。如果高新产业园区发展分布式电源，则意味着其可以满足自身一半以上的电力需求。允许社会资本投资组建售电公司意味着民营资本可以进入之前国家行政垄断的领域，电力市场投资主体将逐步实现多元化。如果公共事业公司能有效组织冷热电三联供，则有望产生巨大经济效益；节能服务公司可以为用户提供系统的能源管理方案，节能将在未来能源供给方面发挥重要作用。将符合条件的发电企业确定为售电主体是为了给国有五大发电集团松绑，使其不再受制于电网公司。

七是建立辅助服务分担共享机制。这是为下一步建立辅助服务市场进行铺垫和试点。“用户可以结合自身负荷特性，自愿选择与发电企业或电网企业签订保供电协议、可中断负荷协议等合同，约定各自的辅助服务权利与义务，承担必要的辅助服务费用，或按照贡献获得相应的经济补偿。”这是一种类似于“上网套餐”的辅助服务。例如，家庭可根据自身用电情况与售电企业签订服务合同，就每月多少千瓦时电，是否存在阶梯电价，超过一定消费量是否断电，为配合电网调峰调频是否可以做出某种程度的让步，售电公司对这种妥协行为给予何种补偿等进行协商。辅助服务分担共享机制的建立可以使电力市场交易更加灵活、透明。

从配套文件看，在可竞争领域建立市场机制，主要是在发电侧和售电侧促进竞争，包括：确立市场竞争主体，为电力买卖创造条件；确保电力价格形成由市场决定；建立促进市场发挥作用的新机构和新机制。在市场失灵领域建立强大灵活的政府监管体系，以应对垄断、负外部性和电力普遍服务的问题，包括：重点监管电网公司，防止损害市场效率或其他经营主体利益的行为；制定和完善市场交易办法，高度警惕市场势力给市场运作带来的潜在危害；安排专门制度应对火电的负外部性，支持新能源发电；确保公共领域用电、居民用电和电力普遍服务的稳定。此外，应急管理措施必不可少；除应对紧急事故外，电力体制改革涉及多方利益和多重目标，需综合平衡、统筹推进。

（二）地方电力体制（综合）改革方案梳理

下面梳理各省（区、市）的电力体制（综合）改革所面临的问题和改革的重点任务。进行电力体制（综合）改革（含未批复）的省（区、市）包括北京市、山西省、辽宁省、上海市、安徽省、山东省、河南省、湖北省、湖南省、广西壮族自治区、海南省、四川省、贵州省、云南省、陕西省、甘肃省和新疆维吾尔自治区。

1. 北京市

北京市电力体制改革要解决配网投资不足、电网峰谷差大等问题。改革的重点任务包括：推进输配电价改革。以“准许成本加合理收益”为原则，以各电压等级输配电资产、成本、输电量和线损率等为基础，核定电网输配电价；设立平衡账户，调节电网企业监管周期内输配电实际收入与准许收入之间的差额；制定激励和约束机制，促进电网企业提高服务质量，降低运营成本。推进京津冀电力交易市场建设，开展京津冀区域电力中长期市场交易和现货市场业务，具体包括成立京津冀电力交易机构筹备委员会，确定京津冀电力交易机构组建方案、监管办法、主要业务及业务开展模式等，制定京津冀电力市场建设方案，同时成立市场管理委员会。在清洁电力利用方面，一是推进高效绿色电力送京，二是推进可再生能源发展，提升可再生能源就地消纳能力和利用比例。此外，推进电力辅助服务的市场化和有偿化建设，提高电力系统安全可靠运行水平。推进增量配电业务放开试点，包括：鼓励社会资本投资增量配电业务；制定增量配电业务投资与运营的监管办法，建立增量配电业务投资回报和运营保障机制；建立健全增量配电市场主体信用体系，建立增量配电市场风险防范机制等。推进竞争性售电业务放开试点，包括：培育售电市场主体，吸引社会资本进入竞争性售电领域；发展能源增值服务；推进大用户、售电主体与发电企业的跨省跨区直接交易；建立健全售电侧管理体系，明确市场主体权责，制定售电公司准入条件与退出机制，制定售电业务监管细则；建立保底供电服务机制，建立健全售电市场主体信用体系，制定售电市场风险防范机制。在改革的同时，需要提高电力需求的调控能力和电力供给的安全保障能力。最后，顺应电动汽车发展的大趋势，推动电动汽车充电设施建设。

2. 山西省

山西省电力体制改革要解决理顺电价形成机制，完善电力市场化交易机制，培育多元市场主体并促进公平竞争，强化科学监管等问题。

改革的重点任务包括以下几个方面：一是理顺电价机制。按照“准许成本加合理收益”的原则分电压等级核定输配电价；有序放开输配以外的竞争性环节电价，分步实现公益性以外的发售电价格由市场形成；妥善解决电价交叉补贴，配套改革不同种类电价之间的交叉补贴。二是拓展省内和省际两大市场。在省内市场，应激活用电市场，提高电力消纳能力，在现有大用户直接交易的基础上，不断扩大参与电力直接交易的市场主体范围和交易规模；在省外市场，应争取外送通道建设和电量配额政策，完善省际沟通合作机制，推进跨省跨区电力交易，融入全国电力市场体系，不断扩大省外送电规模。三是实现“三个规范”，即：规范交易机构的运营，完善其市场功能；规范市场化售电业务，明确售电主体范围和准入标准；规范自备电厂管理。

3. 辽宁省

辽宁省电力体制改革需解决如下问题：一是逐步理顺电价形成机制，加快构建有效竞争的市场结构和市场体系，按照“管住中间、放开两头”的体制架构，有序放开输配以外的竞争性环节电价；二是有序向社会资本放开配售电业务；三是有序放开公益性和调节性以外的发用电计划；四是推进交易机构相对独立、规范运行，在发电侧和售电侧开展有效竞争，着力构建主体多元、竞争有序的电力交易格局，促进经济社会发展；五是进一步强化政府对电力行业的统筹规划和监管职责，确保全省电力系统安全稳定运行。

改革的重点任务包括：第一，开展输配电价摸底测算，进一步开展输配电价成本调查，全面摸清辽宁电网输配电资产、成本和企业效益情况。稳妥推进发售电价格市场化，发电企业用户、售电主体通过电力市场交易的电量，其价格通过自愿协商、市场竞价等方式自主确定。参与电力市场交易的用户购电价格由市场交易价格、输配电价（含线损）、政府性基金及附加三部分组成。妥善处理电价交叉补贴。第二，推进电力交易体制改革，完善市场化交易机制。规范和明确市场主体，促进市场主体开展多方直接交易，鼓励建立长期稳定的交易机制，建立辅助服务分担共享新机制，积极参与跨省跨区电力市场交易。建立相对独立的辽宁电力交易中心，完善电力交易机构的市场功能，改革和规范电网企业运营模式。第三，完善发用电管理机制，合理确定电量计划的放开比例；建立优先购电、优先发电制度；进一步提升供需平衡保障水平。第四，放开配售电市场，多途径培育市场主体，建立市场主体准入和退出机制，鼓励社会资本投资配电业务，赋予市场主体相应的权责。第五，科学规范自备电厂管理。加强和规范自备电厂监督管理，鼓励其承担社会责任、履行调峰义务；加快自备电厂升级改造步伐。加强电力统筹规划和科学监管。切实加强电力行业统筹规划，切实加强电力行业及相关领域科学监管，减少和规范电力行业的行政审批，建立健全市场主体信用体系，抓紧修订地方电力法规。

4. 上海市

上海市电力体制改革需要解决两方面的问题：第一，电力交易机制还不完善，运用市场化机制引导配置资源的能力还明显有待加强。上海市内机组发电的安排基本按计划来实施。上海市外受电以国家计划为主，在保障上海电力供应的同时，也出现了外来电计划外调增调减不受控且送沪电力与上海市需求不匹配、上海市电网低谷调峰困难加剧并产生了新的安全隐患等问题。第二，电价体系尚待理顺，未能及时反映供需变化，未能体现辅助服务价值。上网电价和销售电价都实行政府定价。上海市外来电比重高，但承担辅助服务的比重较小，辅助服务补偿机制尚不完善。

改革的主要目标是围绕建立健全“有法可依、政企分开、规范透明、公平合理、权责一致、监管有效”的电力体制，以市场化改革为主线，坚持安全可靠为先，坚持与优化上海能源结构相结合，积极探索交易机制，逐步理顺价格形成机制，促进高效、多元、清洁的电力供应，提升城市电力供应安全保障水平。改革的主要内容包括组建上海电力交易中心，逐步完善电力市场交易机制，以及实施抽水电量竞价交易，推进电力市场建设。

5. 安徽省

安徽省电力体制改革需解决如下问题：电力行业仍存在电价形成机制不够完善、市场有效竞争不够充分、清洁能源和分布式能源发展机制不够健全等问题；亟须通过实施电力体制综合改革，建立健全以市场化为导向的能源体系，促进电力与煤炭等相关产业协调健康发展。

改革的重点任务包括：加快推进输配电价改革，测算输配电价，明确政府性基金附加和交叉补贴；健全电网企业约束和激励机制，促进电网改进管理、降低成本、提高效率；放开竞争性环节电价，分步实现公益性以外的发售电价由市场形成。建立市场化交易机制，完善省内电力直接交易机制，适时建立现货交易机制，探索建立市场化的辅助服务分担机制；建立相对独立的电力交易机构，对现有的交易中心进行股份制改造，将原来由电网企业承担的交易业务与其他业务分开，明确工作规则，明确交易机构职责，设立市场管理委员会。有序推动发电计划改革。以资源消耗、环境保护为主要依据，坚持节能减排、资源综合利用和清洁能源优先上网的原则建立优先发电制度，制定放开发电计划实施方案。加强电力需求侧管理，制定完善有序的用电方案，保障优先购电权，提升应急响应水平。稳步推进售电侧改革，培育多元化售电主体，鼓励社会资本投资增量配电业务。建立分布式电源发展新机制。加强电力统筹规划管理，如建立市场主体信用评价制度，加强电力行业科学监管等。

6. 山东省

山东省电力体制改革要解决的问题包括：生产环节中单一的计划管理体制、销售环节中统一的政府定价机制以及运营领域中统购统销的垄断经营模式越来越不适应市场经济发展的需要；在电力资源配置中市场还没有发挥决定性作用；在发电侧和售电侧等竞争性领域和环节还没有形成有效竞争，市场主体活力尚未充分释放；在政府统筹规划、依法监管、维护行业秩序方面还亟待改进和加强。

改革的主要任务包括：第一，有序推进电价改革，理顺电价形成机制，开展输配电价测算核定，分步推进发售电价格市场化，妥善处理电价交叉补贴。第二，推进电力交易体制改革，完善市场化交易机制。例如，规范市场主体准入标准，建立相对稳定的中长期电力市场交易机制，完善跨省跨区电力交易机制，建立有效竞争的现货交易机制，完善电力市场辅助服务机制。第三，组建相对独立的电力交易机构，形成公平规范的市场交易平台。组建山东电力交易中心，完善电力交易中心功能，设立市场管理委员会，改革和规范电网企业运营模式。第四，推进发用电计划改革，更多地发挥市场机制的作用。有序放开发用电计划，建立优先发电制度，加强电力需求侧管理和电力应急机制建设。第五，稳步推进售电侧改革，有序向社会资本放开售电业务。鼓励社会资本投资新增配电业务，建立售电主体准入和退出机制，多途径培育售电主体，赋予售电主体相应的权责。第六，开放电网公平接入，建立分布式电源发展新机制。第七，加强和规范自备电厂监督管理，推动自备电厂转型升级；加强电力统筹规划和科学监管，提高电力安全可靠水平。

7. 河南省

河南省电力体制改革要解决的问题包括：电网发展能力相对不足，破解全省电网瓶颈制约，尤其是解决农村电网建设滞后矛盾的资金压力巨大，迫切需要通过改革引进社会资本，加快电网发展。经济进入新常态，经济下行压力巨大，通过市场化改革，引入竞争，降低成本，增强工业企业竞争能力，成为现实需要。

改革的主要任务包括以下几个方面：第一，组建和规范运行相对独立的电力交易机构。组建河南电力交易中心，明确河南电力交易中心的职能，成立电力市场管理委员会。第二，推进输配电价改革。开展输配电价摸底测算，配合做好输配电定价成本监审工作，核定分电压等级输配电价，明确过渡期间电力直接交易的输配电价政策。第三，开展售电侧改革试点。培育售电市场主体，赋予售电市场主体相应的权责，稳步推进市场化交易，探索社会资本投资增量配电业务的有效途径，建立保底供电服务制度。第四，推进电力市场建设。建立优先购电制度，建立优先发电制度，有序放开发用电计划，建立完善电力市场交易机制，研究探索跨省跨区电力市场交易机制，建立辅助服务分担共享新机制，建立市场风险防范和应急处置机制，建立健全电力市场主体信用体系。第五，加强和规范燃煤自备电厂监督管理。科学规范自备电厂建设，加强自备电厂运营管理，推动综合利用和燃煤消减，推进自备电厂升级改造和淘汰落后机组，积极支持具备条件的自备电厂有序参与市场交易，积极发展分布式电源。第六，加强电力统筹规划和科学监管。切实加强电力行业特别是电网的统筹规划，开放电网公平接入，优先发展可再生能源，实施科学有效监管。

8. 湖北省

湖北省电力体制改革需要解决如下问题：一是用电水平偏低但成本偏高。二是交易机制缺失，资源利用效率不高。三是发电企业和电力用户之间市场交易有限，未形成配售电市场；配售电侧投资主体单一，电力市场竞争机制不完善，市场配置资源的作用未得到充分发挥。四是价格关系没有理顺，市场化定价机制尚未形成。五是电力规划协调机制缺失，监管体系不健全。

改革的重点任务包括：有序放开发用电计划，建立优先发购电制度以保障公共服务、人民生活等用电需求。在支持清洁能源发电方面，提升清洁能源的市场竞争力，保障并网消纳，落实优先发电制度；开展绿色调度，全额收购可再生能源发电；鼓励替代燃煤自备电，支持分布式能源。在电力规划管理方面，规范燃煤热电联产项目建设管理，提高电力资源配置能力，补齐电力发展短板，加快农村电网发展，强化需求侧管理，提高供电服务的质量和水平。在电力市场建设方面，制定市场主体的准入标准，组建湖北省电力交易市场管理委员会以维护市场的公平、公正和公开；成立相对独立的交易机构，将原来由电网企业承担的交易业务与其他业务分开，明确工作界限和工作流程，搭建公开透明、功能完善的电力交易平台；建立相对稳定的中长期交易机制，开展现货交易、跨省区电力交易的研究。在放开售电侧方面，培育多元化售电侧市场主体，明确售电主体权责，建立售电市场准入和退出机制，探索售电试点项目和区域，鼓励社会资本投资增量配电业务。在输配电改革方面，科学核定输配电价，进一步加强对电网企业的监管，完善电网准许成本科学核定机制；对电网企业建立激励与约束机制，设立平衡账户，调节电网企业监管周期内输配电实际收入与准许收入之间的差额；逐步放开竞争性环节电价；妥善处理交叉补贴。在市场监管方面，强化电力行业统筹规划，强化电力行业科学监管，建立健全市场主体信用体系。

9. *湖南省*

湖南省电力体制改革需要解决的问题包括：用电成本在全国处于较高水平，亟须降低电力价格以缓解企业经营困难和保障民生；电力生产和消费处于相对过剩阶段，供需矛盾突出，窝电和缺电现象并存；节能、高效、环保的火电机组不能得到充分利用，部分时段部分区域出现弃水弃风现象，需要拓展市场空间；多网并存导致电力建设缺乏统筹规划，存在市场无序竞争、电网重复建设、不能公平接入等问题；电力规划制定机制尚不完善，政府监管职能转变尚未完全到位。

改革的主要任务包括以下几个方面：一是推进电价改革。开展输配电价测算核定，按照“准许成本加合理收益”的原则，核定电网准许总收入和分电压等级输配电价；明确交叉补贴；推进发售电价市场化，鼓励放开竞争性环节电力价格。二是建立电力交易市场，以省为输配载体，不断完善市场模式，扩大市场范围。建立和完善交易规则，探索多种交易模式，鼓励市场主体参与。建立省级电力交易机构，组建相对独立的湖南电力交易中心，搭建公开透明、功能完善、规范运行的电力交易平台。交易中心在财务上独立核算、自负盈亏，由国家电网划拨经费；交易中心主要负责组织市场交易，调度机构主要负责实时平衡和系统安全。设立市场管理委员会参与电力市场相关的重大议题决策。三是推进发用电计划改革。在确保电力系统安全、供需平衡的前提下推进发用电计划改革，建立优先购电、优先发电、保底供电、保障性发电制度；积极推进电力直接交易，有序放开发用电计划。四是推进售电侧改革。选择首批试点区域，多方培育市场主体，放开相关电力计划，鼓励投资增量配电。五是加强电力市场统筹监管，推进燃煤自备电厂改革，允许自备电厂并网，保障电网无歧视接入，严格执行统一调度，鼓励参与市场交易，足额缴纳政府性基金及政策性交叉补贴。

10. 广西壮族自治区

广西壮族自治区电力体制改革要解决的问题包括：电价传导机制不顺；市场化的价格形成机制不健全，电力直接交易机制尚未有效建立；输配电改革亟须推进；地方电网问题突出，如推高电价、主辅不分、厂网不分、无序竞争、重复建设等。

改革的重点任务如下：推进电价改革，包括按照“准许成本加合理收益”的原则，分别核定电网企业准许总收入和分电压等级输配电价；电网企业按照政府核定的输配电价收取过网费；建立对电网企业投资、成本控制、服务质量的激励和约束机制，完善监管制度；分类推进交叉补贴改革；输配电价核定前，试点建立过渡期工商业电价随购电成本联动的调整机制；逐步减少电网之间的售电量，核定趸售价格；鼓励地方电网企业通过电力直接交易向发电企业直接购电，地方电网向主电网支付过网费。推进电力市场建设，包括完善电力直接交易制度，规范市场主体准入标准，让直接交易双方自主定价，直接交易电量和容量不再纳入发用电计划，建立线上、线下电力交易撮合机制以及中长期交易、现货交易的交易机制，鼓励交易双方建立长期稳定的交易机制；输配电价改革完成前，采用价差传导方式开展直接交易；输配电价改革完成后，电网企业按电压等级收取输配电费，交易价格由交易双方自主确定，有序扩大电力直接交易规模；组建相对独立的电力交易机构，组建相对独立的、开放的、不以营利为目的的广西电力交易中心，实行独立核算；建立市场管理委员会，负责研究讨论交易机构章程、交易和运营规则，协调电力市场相关事项等。推进售电侧改革，包括放开售电侧市场，以开放增量配电投资业务为主；加强售电侧市场监管，规范售电侧市场主体条件、责任和义务，明确售电侧市场主体的市场准入和退出规则，建立售电侧市场主体信用体系；电网企业无歧视地提供供电服务，履行保底供应商义务；多途径培育售电主体；等等。有序放开和缩减发用电计划，推进电网改革，包括厂网分开，主辅分离；整合主电网和地方电网的相关资产；推动地方电网企业转型为配售电企业。强化电网电源管理，包括电网规划建设管理，制定管理办法、强化管理职能、有序放开增量配电业务；制定风电等新能源发电项目送出工程规划，保障新能源公平并网接入，项目主体依法依规享受可再生能源接网工程补贴；优化电源布局，统筹各类电源建设规模和时序；按照环保优先、电价优先的原则，加强能源资源管理，严格自备电源管理。

11. 海南省

海南省电力体制改革要解决的问题包括：电力交易总量小，发电侧发电主体少，市场竞争难以形成；配售电及投资主体单一，售电侧竞争机制未建立；系统峰谷差不断加大，系统安全运行压力大；独立的输配电价机制尚未形成；等等。

改革的主要任务包括：以大用户直接交易为突破口，逐步推动电力市场体系的建立；有序推进电价改革，完善电价形成机制；稳步推进售电侧改革，有序向社会资本放开配售电业务；引导电力用户实施需求侧管理，确保系统安全稳定运行，如开展电力需求侧响应，通过削峰或移峰填谷平抑电网峰谷差，建立辅助服务分担共享新机制；健全政府监管体制。

12. 四川省

四川省电力体制改革需解决以下突出问题：电力配售体制复杂，供电主体服务能力参差不齐，部分县（市、区）电力基础设施建设滞后，电力服务质量有待提高；丰水期富余水电消纳矛盾突出，丰水期弃水弃电问题日益严重；电力市场化交易机制和电价形成机制尚未健全完善，电价难以及时反映用电成本、市场供求状况和环境保护支出，易导致电力资源配置发生扭曲和错配。

改革的重点任务包括以下几个方面：在电力价格改革方面，有序推进输配电价摸底测算和成本监审，全面调查摸清电网输配电资产、负债、成本和收益情况，开展输配电价成本调查及各电压等级输配电价水平测算。妥善处理电价交叉补贴，结合电价改革进程，系统梳理并逐步配套改革不同电力用户、不同电压等级、不同电源之间的交叉补贴。探索建立公益性以外的发售电价格市场形成机制，支持鼓励具备条件的发电企业、独立售电主体和电力用户开展电力直接交易，通过签订购售电协议、参与电力交易机构组织的集中竞价等方式，自主确定市场交易价格。探索“两部制”定价机制。在电力市场建设方面，完善电力市场化交易机制，规范和明确市场主体准入标准，分阶段有序推进四川省电力市场建设，完善电力市场辅助服务交易机制，完善跨省跨区电力交易机制。组建相对独立的电力交易机构，组建股份制四川电力交易中心，对现有的交易中心进行股份制改造，搭建电力交易平台，组建电力市场管理委员会，科学界定电力交易机构和电力调度机构的职能职责。在发用电计划方面，建立优先购电制度，细化完善四川省的有序用电方案。建立优先发电制度，将纳入规划的风能、太阳能、生物质能等可再生能源发电，满足电网安全及调峰调频的电量纳入一类优先发电保障范围，将跨省跨区送受电中的国家计划、地方政府协议送电、水电、余热余气余压发电、超低排放燃煤机组发电等纳入二类优先发电保障范围，通过充分安排年度发电量计划严格执行予以保障。建立健全电力电量平衡机制，探索有序放开发用电计划。在放开售电侧方面，积极培育配售电业务主体，开展社会资本投资增量配电业务试点，引导售电侧市场主体积极参与市场交易，探索建立售电侧市场主体准入和退出机制。在政府统筹监管方面，加强和规范燃煤自备电厂管理，承担社会责任，科学规划建设，鼓励参与市场交易。

13. 贵州省

贵州省电力体制改革要解决的问题包括：价格关系没有理顺，市场化定价机制尚未完全形成；市场化交易机制尚待完善，市场配置资源效率不高；配售电及投资主体单一，售电侧竞争机制未建立；现行“西电东送”面临供需矛盾和市场化挑战，定价机制需要进一步完善；等等。

改革的重点任务包括：输配电价改革，以转变政府输配电价监管方式、改革和规范电网运营模式为主；电力市场建设，以规范和明确市场主体、引导市场主体开展多方直接交易、建立中长期稳定的交易机制、建立相对独立的市场交易平台为主；售电侧改革，以培育售电业务主体、解除地方电力代管体制、推进兴义售电侧改革试点、放开增量配电投资业务、开展贵安新区配售电侧改革试点为主；建立跨省跨区电力交易机制。

14. 云南省

云南省电力体制改革要解决的问题包括：交易机制缺失，资源利用效率不高；价格关系没有理顺，市场化定价机制尚未完全形成；政府职能转变不到位，各类规划协调机制不完善；发展机制不健全，新能源和可再生能源开发利用面临困难；“电矿结合”的发展目标未能实现；等等。

改革的重点任务体现在以下几个方面：有序推进电价改革，理顺电价形成机制，包括单独核定输配电价、分步实现公益性以外的发售电价格由市场形成、妥善处理电价交叉补贴等；推进电力交易体制改革，完善市场化交易机制，包括规范市场主体准入标准、引导市场主体开展多方直接交易、鼓励建立长期稳定的交易机制、建立辅助服务分担共享新机制、积极参与跨省跨区跨境电力市场交易等；建立相对独立的电力交易机构，形成公平规范的市场交易平台，包括定位电网企业功能、改革和规范电网企业运营模式、组建和规范运行电力交易机构、完善电力交易机构的市场职能等；推进发用电计划改革，更多地发挥市场机制的作用，包括有序缩减发用电计划、完善政府公益性调节性服务功能、进行需求侧管理等；稳步推进售电侧改革，有序向社会资本放开配售电业务，包括鼓励社会资本投资配电业务、建立市场主体准入和退出机制、多途径培育市场主体、赋予市场主体相应的权责等；开放电网公平接入，建立分布式电源发展新机制，包括积极发展分布式电源、完善并网运行服务、加强和规范自备电厂监督管理、全面放开用户侧分布式电源市场等；加强电力统筹规划和科学监管，提高电力安全可靠水平，包括切实加强电力行业特别是电网的统筹规划、切实加强电力行业及相关领域的科学监管、减少和规范电力行业的行政审批、建立健全市场主体信用体系、抓紧修订地方电力法规。

15. 陕西省

陕西省电力体制改革要解决的问题包括：市场在电力资源配置中的作用尚未得到充分发挥，售电侧有效竞争机制尚未建立，发电企业和用户之间的市场交易规模有限；电网公平开放机制尚未建立，新能源的接入和消纳受到制约；主要由市场决定的电力价格机制尚未完全形成，电力企业成本约束机制不健全，电力商品价值属性难以体现；电力规划与其他规划的衔接还不到位，站（厂）址保护、线路走廊预留、线路杆塔迁改频繁问题未能得到较好解决；立法修法工作相对滞后，制约了电力市场化改革和电力市场健康发展。

改革的主要任务包括：第一，发挥市场机制的作用，有序缩减发用电计划，保障公益性调节性发用电需求，建立优先发电机制。第二，组建陕西电力交易中心，明确电力交易中心职责，设立市场管理委员会。推进电力交易体制改革，开展市场化交易，规范市场主体准入标准，引导市场主体开展多方直接交易，鼓励建立长期稳定的交易机制，建立辅助服务分担共享新机制，开展跨省跨区电力直接交易试点。第三，推进输配电价改革，完善市场定价机制，制定输配电价改革试点方案，开展输配电价成本监审工作，测算符合实际的输配电价标准；推进电价交叉补贴改革，坚持保障民生、合理补偿、公平负担的原则，完善输配电价管理政策。第四，稳步推进售电侧改革，有序向社会资本放开售电业务，鼓励社会资本投资增量配电业务，明确售电放开的市场准入条件，多途径培育市场主体，明确市场主体权责。第五，开放电网公平接入，建立可再生能源发展新机制。积极发展可再生能源和分布式能源，科学编制可再生能源开发利用规划，提高可再生能源消费比重和非水电可再生能源电量消费比重，完善并网运行服务，全面放开用户侧分布式电源市场，加强和规范自备电厂建设管理。第六，加强电力统筹规划和科学监管，提高电力安全可靠水平，切实加强电力行业特别是电网的统筹规划，切实加强电力行业及相关领域科学监管，建立健全市场主体信用体系，减少和规范电力行业的行政审批。

16. 甘肃省

甘肃省电力体制改革要解决的问题包括：电力消纳能力不足，外送通道不畅，全省电力电量严重富余；发电设备利用小时连续下降、新能源弃风弃光等问题凸显；价格关系没有理顺，市场化定价机制尚未完全形成。

改革的重点任务包括：在已开展大用户电力直接交易的基础上，逐步扩大发电企业、售电主体和用户准入范围；在继续扩大省内电力直接交易电量规模的基础上，积极推进跨省跨区电力直接交易。在售电侧改革中，培育多元化售电主体，逐步向符合条件的市场主体放开增量配电投资业务，赋予市场主体相应的权责；允许符合条件的售电主体直接购电，建立市场主体准入和退出机制，形成有效的市场结构和市场体系；切实加强监管，保障各相关方的合法权益。在促进可再生能源发电方面，落实可再生能源发电全额保障性收购制度，探索形成可再生能源参与市场竞争的新机制，积极采取鼓励参与电力直接交易、置换自备电厂发电权、新能源清洁供暖示范、制定相关价格政策、推动需求发展等多种举措促进新能源消纳。在输配电环节，在国家统一指导和组织下，开展输配电定价成本监审工作，推进输配电价改革。

17. 新疆维吾尔自治区

新疆维吾尔自治区电力体制改革要解决的问题包括：电力交易机制缺失，资源利用效率不高；价格关系没有理顺，市场定价机制尚未完全形成；全区未形成统一电网，不利于统筹调度；自备电厂装机规模大，系统调峰能力不足；可再生能源开发利用面临困难，市场消纳能力不足。

改革的重点任务具体如下：一是推进输配电价改革。全面调查电网输配电资产、成本和企业经营情况；按照“准许成本加合理收益”的原则确定电网准许总收入和分电压等级输配电价；做好输配电价成本监审；建立电力普遍服务补偿机制；摸清交叉补贴现状，研究探索电价交叉补贴额度的平衡补偿机制；改革不同种类电价之间的交叉补贴，逐步减少工商业内部交叉补贴，妥善处理居民、农业用户交叉补贴问题，建立平衡账户机制补贴差额。二是推进电力市场建设。首先，需要明确交易机构职能，相对独立的电力交易机构主要负责电力交易平台的建设运营和维护、市场交易主体的注册管理、组织和管理各类电力市场交易、提供电力交易结算依据及相关服务、监视和分析市场运行情况、披露和发布信息、参与拟定电力市场交易规则并配合进行分析评估、按规定收取交易相关费用；其次，成立新疆电力交易中心，为所有市场主体提供规范、公开、透明的电力交易服务；最后，成立市场管理委员会，主要负责研究讨论交易机构的章程、交易和运营规则，协调电力市场相关事项等。三是建立和完善电力市场交易机制。研究制定电力市场交易基本规则，制定并完善中长期电力市场交易机制，制定电力市场交易监管办法，建设与现货市场相配套的电力市场交易支持系统，探索建立电力市场信用体系。四是有序推进发用电计划改革。建立优先发电和购电制度；开展有序用电工作，有效保障供需紧张情况下居民等用电需求不受影响；将优先保障序列的用户纳入用电计划；制定放开发用电计划实施方案，实现电力电量平衡从以计划手段为主平稳过渡到以市场手段为主，并促进节能减排。五是推进售电侧改革，重点在于培育多元化售电主体；创新售电业务市场准入机制，以注册认定代替行政审批；实施园区型售电主体直接交易试点；鼓励社会资本投资增量配电业务；等等。六是提高系统消纳新能源能力和清洁能源利用率，例如积极促进可再生能源和资源综合利用电力消纳，鼓励可再生能源和资源综合利用发电项目优先与用户直接交易，建立完善调峰补偿市场化机制，鼓励清洁能源通过电力市场购买火电、电储能、电力用户等提供的辅助服务以促进全额消纳。七是加强和规范自备电厂的建设和运营管理。八是加强电力统筹规划和科学监管，逐步形成统一电网。

（三）（配）售电侧改革方案梳理

下面梳理各地区的（配）售电侧改革所面临的问题和改革的重点任务。进行（配）售电侧改革（含未批复）的地区包括黑龙江省、福建省、江西省、广东省、重庆市和新疆生产建设兵团。

1. 黑龙江省

黑龙江省新增电力用户的需求较大，地方政府关于售电侧改革的意愿较强。改革的重点任务包括：在开放电网公平接入的同时，放开新增配网建设，并对新增电量放开发用电计划，提高发电端和售电端的市场化交易水平，探索和完善市场化条件下交易机构的运行方式。

2. 福建省

福建省售电侧改革亟须解决如下问题：第一，参与售电市场的市场主体还有待激发；第二，售电侧改革与电价改革、交易体制改革、发用电计划改革等尚不协调；第三，大用户直购电规模还不够大；第四，售电公司对市场的预期不明；第五，电网企业面临劳动分配率提高的压力。

售电侧改革的目的是从服务电力用户、促进经济发展和推进节能减排出发，积极培育多元化售电市场主体，多种方式发展增量配电投资业务，全面放开电力用户购电选择权，规范市场行为，构建公平公正、有序竞争的售电市场运行机制，初步建立“多买方、多卖方”的售电市场结构和体系，激发售电市场活力，提升售电服务和供电质量水平，推动实现福建省配售电行业清洁、高效、安全、可持续发展的目标。

3. 江西省

江西省售电侧改革以临空经济区为试点，亟须解决供电能力缺口较大、配网需重新规划建设、供电存在多头管理、电力协调存在一定困难等问题。改革的重点任务包括向社会资本开放售电业务，积极培育售电市场主体，明确售电市场主体权责，建立市场准入和退出机制。放开试点地区增量配网，组建混合所有制配电公司，建立保底供电服务制度。建立健全电力交易机制，加强电力需求侧管理，推进电力信用体系建设。创新能源综合管理模式，实行差异化供电模式，开放综合能源管理市场，发挥节能服务公司优势。强化政府对电力市场的监管。

4. 广东省

广东省售电侧改革要求：逐步向社会资本开放售电业务，多途径培育售电侧市场主体，给电力用户用电选择权。提升售电服务质量，推动电力需求侧管理，提升能源利用效率和用户用能水平。形成电力生产者和用户的互动，提高用户的参与度，引入互联网、节能服务等技术，发挥市场配置资源的决定性作用。

改革的重点任务包括以下几个方面：第一，加快培育售电市场主体。允许符合条件的高新产业园区或经济技术开发区，供水、供气、供热等公共服务和节能服务公司、发电企业等组建售电主体，鼓励社会资本投资成立售电主体；允许电网企业组建独立法人、独立运作的售电公司；分等级、分步骤地放开售电业务。第二，明确售电市场主体权责。确保民生用电稳定有保障、电网运行安全可靠；电网企业无歧视地向售电主体及其用户提供供电服务，按规定履行保底供应商义务；电力交易机构负责全省电力市场交易组织，提供结算依据和相关服务；售电主体可采取多种方式购电。第三，构建完善的电力市场体系。逐步放开电力用户参与直接交易，保证供需电量规模保持合理比例、基本匹配；鼓励用户和售电商建立长期稳定的交易关系；引入新机制，建立竞争有序、保障有力且有利于售电公司发展的市场体系；完善电力市场交易技术支持系统，满足市场交易、监督管理和应急干预的需要。第四，建立电力需求侧市场。科学制定广东省电力需求侧管理实施方案，建设全省电力需求侧管理平台，研究构建广东省需求响应技术支持平台。第五，形成售电市场主体准入和退出机制。明确售电市场主体的市场准入、退出程序和规则；加强售电市场信用体系建设与风险防范。第六，适时建立保底供电服务机制。电力用户可自主选择是否参与电力市场；参与市场后购电价格由市场决定，无特殊原因不得退出市场；无议价能力或不参与电力市场的用户，由提供保底服务的供电企业按照政府核定的目录电价或政府确定的定价规则供电；企业提供保底供电服务时，电价按照政府核定的规则计算，应高于参与市场的用户用电平均价格。第七，探索新的供电营业区管理模式。保障向电力用户的安全供电和保护其合法权益，落实保底供电服务制度；对供电营业区的设立、变更实行特许经营制度；同一供电营业区内可以有多个售电公司，但仅有一家公司拥有相应配电网的经营权，并提供保底供电服务；同一售电公司可以在多个供电营业区开展售电业务。第八，加强电力市场监管。制定交易合同示范文本，规范市场主体交易行为；探索交易保证金等制度，研究建立零售市场风险防范机制；制定零售市场监管办法。

5. 重庆市

重庆市配售电改革要求有序向社会资本开放配售电业务，培育配售电侧市场竞争主体等。改革的重点任务包括以下几个方面：第一，明确配售电市场主体职能。允许符合条件的高新产业园区或经济技术开发区、供水供气等公共服务和节能服务公司、发电企业等组建配售电主体；配售电公司以服务用户为核心，以经济、优质、安全、环保为经营原则，自主经营、自担风险、自负盈亏、自我约束；鼓励配售电公司提供合同能源管理、综合节能和用电咨询等增值业务；同一供电营业区可以有多个售电公司，同一配售电公司可以在多个供电营业区售电；同一供电营业区只有一家售电公司拥有配电网的经营权。第二，制定配售电服务及交易市场秩序。配售电公司采取多种方式通过电力市场购电；赋予符合市场准入条件的电力用户电力交易的自主选择权；确保输配电质量和用电安全，放开增量配网投资建设业务，现有和新增电网必须无条件向用户公平无歧视开放，鼓励发展用户侧分布式电源；开展市场交易主体核准和注册；市场交易价格可通过双方自主协商确定或通过集中撮合、市场竞价的方式确定，参与市场交易的用户购电价格由市场交易价格、输配电价和政府性基金三部分组成。第三，推进输配电价改革。以核定的电力直接交易输配电价为基础，按“准许成本加合理收益”的原则测算电网分电压等级输配电价；用户或售电主体按其接入的电压等级所对应的输配电价支付过网费；逐步放开竞争性环节电力价格，实现发售电侧价格由市场形成。第四，设立配售电主体的准入和退出机制。明确配售电主体的市场准入、退出程序和规则，加强配售电市场信用体系建设与风险防范。第五，加强市场监管。建立完善的监管组织体系，制定交易合同示范文本，规范市场主体交易行为，加强配售电市场信用体系建设和风险防范，探索交易保证金制度，建立零售市场风险防范机制。

6. 新疆生产建设兵团

新疆生产建设兵团售电侧改革要求：通过电力购销市场化平衡，切实解决区域电力供需、稳定及质量方面存在的问题；改善区域经济发展与电价之间的矛盾，市场化调节区域保底供电以外的竞争性环节电价，还原电力的商品属性；提高售电服务质量和用户用能水平；逐步实现电力体制改革。

改革的重点任务包括以下几个方面：第一，明确市场主体职能。电网企业负责收费、结算，归集交叉补贴，代收政府性基金。国家电网新疆电力公司交易中心负责提供市场交易组织、主体注册、披露和发布市场信息、交易合同备案等服务，编制交易计划，并提交至调度机构形成调度计划，负责提供结算依据。售电公司以服务用户为核心，以经济、优质、安全、环保为经营原则，实行自主经营、自担风险、自负盈亏、自我约束的管理模式，逐步开展增值业务。第二，完善市场交易机制。建立售电业务准入和退出机制；完善用户准入和退出条件，允许公益性和调节性以外的用户自愿参与电力市场化交易；引导市场主体开展多方直接交易，符合准入条件的发电企业、售电公司和用户均具有自主选择权。第三，理顺价格形成机制。参与电力市场交易的用户购电价格为：（1）配电网外购电价格＝与发电企业的交易价格＋对应配电网电压等级的输电价格（含交叉补贴）＋ 配电价格＋售电公司合理成本及回报＋政府性基金；（2）配电网内购电价格＝与发电企业的交易价格＋配电价格＋售电公司合理成本及回报＋政策性交叉补贴＋政府性基金；（3）与发电企业的交易价格和售电公司合理成本及回报由市场竞争形成，对应配电网电压等级的输电价格（含交叉补贴）按“准许成本加合理收益”的原则核定。第四，放开配售电业务。鼓励社会资本投资运营增量配电网；加强配电网统筹规划；具有配电网运营权的企业应做好用户并网和设备投运管理，并向电网调度机构备案，切实履行对应的责任和义务。在售电侧，积极培育多元化的市场竞争主体，鼓励发电公司及社会资本投资成立售电公司；拥有分布式电源的用户，供水、供气、供热等服务行业企业，节能服务公司等均可从事市场化售电业务。第五，有序推进发用电计划改革。坚持民生用电供给，建立优先购电制度，保障居民、农业、重要公用事业和公益性服务用电计划；建立优先发电制度，坚持节能减排和清洁能源优先发电上网；有序缩减发用电计划。第六，强化监管机制。建立信息公开机制，建立市场主体信用评价机制，强化信用评价结果应用，建立科学监管机制。

三、改革成就的初步评估

（一）电力体制改革的总体评估

本轮电力体制改革考虑了市场机制与非市场机制对电力行业的不同影响，区分了电力市场的竞争性领域和非竞争性领域，充分体现了改革的专业性与政策性；同时，继承了中国式改革有序、渐进和尝试的特点，采取局部试点和经验总结的方式，或及时纠正偏差以合理控制损失，或逐步推广以有序释放改革红利。此外，本轮电改还汲取了国际电力体制改革的经验与教训，以期有效预防改革后电价的剧烈波动。

各项改革措施明确指向改革的三大红利：一是通过市场优胜劣汰，在发电侧优化电力生产结构，用高效率电厂替代低效率电厂；通过政府之手，进一步挖掘清洁能源发电的潜力。双管齐下，提高电力生产效率，降低煤炭消耗总量，减少电力生产过程中的污染。二是打破现行的“独买独卖”模式，使电网“高速公路化”，对电网服务实施“成本加成”定价；同时，实行有效监管，以获取效率提升的红利。三是在需求侧理顺价格体系，减少电力消费过程中的效率损失，并创造条件接入更多的清洁电力，以实现消费革命红利。

一般来说，评价电力绩效时需考虑以下三个方面：第一，确保有电用，满足全社会对电力的需求；第二，电力生产过程中产生的污染水平可以接受；第三，电价对企业和居民的影响不能太大。考虑到发电过程有外部性，电力传输过程有自然垄断特征，政府对电价的纠正和对电网企业的监管是否有效也是电力体系评价的重要内容。另外，由于电力是重要的投入品，在我国的政策背景下，评价电力行业的绩效时也要考虑是否和其他政策目标相冲突。

电力部门的上述三重任务看起来并不重，但事实上并非如此。也许完成单个任务不是十分困难，但三个目标同时实现就很困难了，存在某种程度上的“不可能三角”。第一点，确保电力供给，满足企业和居民的用电需求，可以通过大量投资建煤矿、建电厂、建输配线路来达到目标。第二点，控制电力生产过程中的污染水平，可以通过提高非化石能源比重，建设高效率机组，减少煤炭使用，使用脱硫脱硝和碳捕捉等技术来降低二氧化硫等本地污染物和二氧化碳的排放。第三点，控制电力价格波动的影响，可通过尽量使用低成本的煤炭和技术，不额外投资减少污染所需要的设备和技术，并促进发电市场充分竞争和严格管制自然垄断，来确保合理的电力价格。三者中同时实现两点也并不困难。例如，确保第一点和第二点是可以做到的，办法之一就是使用生产成本较高，但污染较少的新能源，辅之以在火电中使用减排设施。类似地，第二点和第三点也是可以兼顾的,办法是使用清洁且成本较低的能源。第一点和第三点同时实现也很容易，通过发展低成本的火电就可以做到。不过，同时实现上述三个目标就比较难了，很难找到一种电源结构和体制来确保“既有电用，又没有污染，电力还便宜”这三个目标同时实现，因而说存在“不可能三角”（如图 1－1 所示）。

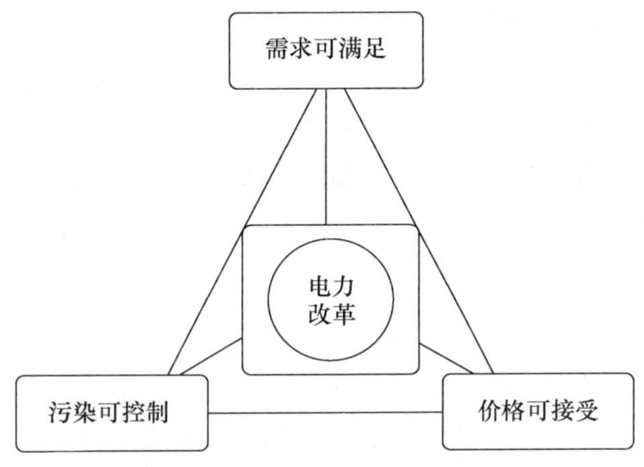

图 1－1　电力改革中的“不可能三角”

在评估改革之前，我们需要对目前的电力行业做个评判。除上述三个目标外，同时考虑我国特定的政策取向，如交叉补贴和普遍服务、产业结构调整等，政府的监管能力也应纳入考虑范围。改革需要尽可能地保留现有优点，解决问题。本轮电改的目标是在确保电力供应的同时，首先解决污染问题，其次解决价格水平高低问题，而是否维持交叉补贴和普遍服务是另外的政策选择问题。不难看出，本轮改革方案的好处是削弱电网垄断力，增强配电和售电环节的竞争，并解决配电环节的 X 非效率问题，配电环节的效率也会因此而提升，如表 1－1 所示。

表 1－1　新一轮电改可解决的问题

项目	电力供应	污染治理	价格水平	交叉补贴普遍服务	产业结构调整	有效监管
现行体制	保障	不足	管制	存在	无影响	不足
改革方案	保障	不足	工商业电价下降	存在	恶化	不足

我们认为本轮改革方案并没有抓住电力行业面临的主要矛盾，没有找准改革红利所在。不可否认，配售电环节的问题是电力体制改革的重要组成部分，但电力行业的主要问题是电力生产过程的污染水平过高，电网企业存在资产膨胀、低效率以及利益转移等现象。这一方案没有充分考虑发电侧的竞争效果，忽略了竞争带来的发电效率的提升，以及附带的节能减排方面的好处。这一改革方案也没有提及政府在两个市场失灵的地方应担负的责任。在发电侧，需要政府的税收或者行政手段来降低污染排放；在自然垄断方面，需要政府投资设施、配备培训人员来对垄断企业进行有效监管，以控制成本、提升效率，减少电力行业价值向上下游关联企业转移。

此外，“大用户直供”的广泛推行必然造成两个方面的后果。首先，用电成本的降低将会刺激高耗能产业的进一步扩张。由于电力成本是高耗能产业生产成本的重要组成部分，因此电价下降会进一步恶化产业结构，冲击产业结构调整政策的效果。其次，更为严重的是，由于来自工业的收益下降，电网企业维持交叉补贴和提供电力普遍服务的能力将急剧减弱，从而可能导致现行的电价体系崩解。这必将给民政部门和财政部门带来冲击，尤其是那些财力不佳的落后地区，所受的冲击将更大。

上述分析表明，电力体制改革方案没有带来预期的效率提升，改革的红利不大。不过，需要强调的是，本轮改革带来了巨大的利益调整。初步的评估表明，在本轮改革方案中，赢家将会是高耗能产业等用电大户，输家是财政部门、民政部门、地方政府、居民、农村和偏远地区以及产业结构调整政策。至于电网本身，则是得失皆有，总体得利：电网的规模变小了，收益低了，但其承担的义务也将减少；各个地区的电网则是苦乐不均，东部电网获益，中西部的电网受损。

在确保电力供应的前提下，我们能否有一个“既能、又能，还能”、打破“不可能三角”、兼顾各种目标的改革方案？若没有，则政策目标的优先顺序为何？完成这些目标需要的配套措施有哪些？的确，我们很难找到一个打破“不可能三角”的改革方案。我们认为，在当今阶段，我们应选择电力供应和污染治理，放弃价格水平的维系。换句话说，确保电力供应是我们的核心目标，而污染治理则排在第二位。把污染治理列为优先改革项之后，交叉补贴和普遍服务，以及产业结构调整政策就搭上了便车。

（二）地方电力体制（综合）改革方案评估

我们从以下维度评估各省（区、市）电力体制改革的政策效果：（1）供电质量，包括电力供应系统的安全稳定、所供电力的绿色效率、电力供需的平衡等方面；(2) 电力价格，即理顺电力价格机制，包括核定输配电价、放开发售电价等；(3) 交叉补贴和普遍服务是否得到妥善安排；(4) 电源结构，包括对可再生能源发电和分布式电源发展的支持等；(5) 市场秩序，包括明确电力市场交易主体的职责和权利、制定市场运行的规则、协调市场交易事项等方面；(6) 激励监管，是指政府对电力市场交易主体的有效监管措施，以及对其自身监管能力的要求；(7) 经济结构，即考虑电力体制改革，尤其是电价改革，是否有利于改善经济结构。对电力体制改革政策的评估结果见表 1-2。

表 1-2　　各省（区、市）电力体制改革政策评估结果

省（区、市）	供电质量	电力价格	交叉补贴	普遍服务	电源结构	市场秩序	激励监管	经济结构
北京	保障	尚未核定	保留	保留	改善	市场主体定位和职能未明确	完善	不确定
山西	保障	尚未核定	未明确	保留	改善	完善	完善	促进工业经济发展
辽宁	保障	预期下降	未明确	保留	改善	完善	完善	不确定
上海	未明确	预期下降	未明确	改善	未明确	完善	待完善	不确定
安徽	保障	上升	未明确	保留	改善	完善	完善	不确定
山东	保障	下降	未明确	保留	改善	完善	完善	不确定
河南	保障	下降	未明确	保留	改善	完善	完善	不确定
湖北	保障	上升	未明确	保留	改善	完善	完善	不确定
湖南	保障	预期下降	未明确	保留	改善	完善	完善	不确定
广西	保障	下降	未明确	保留	改善	完善	完善	不确定
海南	保障	下降	保留	保留	改善	完善	完善	不确定
四川	保障	尚未核定	未明确	保留	改善	完善	待完善	不确定
贵州	保障	下降	未明确	保留	改善	完善	缺少对用户和政府的激励	促进工业经济发展
云南	保障	下降	未明确	保留	改善	完善	完善	不确定
陕西	保障	预期下降	未明确	保留	改善	完善	待完善	改善
甘肃	保障	尚未核定	未明确	保留	改善	完善	完善	促进新兴产业发展
新疆	保障	尚未核定	未明确	保留	改善	完善	完善	不确定

在“电改九号文”提出的改革框架下，各省（区、市）出台了电力体制改革的试点方案。总体上看，在保障电力供应质量的基础上，理顺电力价格形成机制、促进可再生能源发电和分布式电源发展、完善电力市场交易秩序和建立有效的激励监管措施是各省（区、市）改革的重要任务。关于交叉补贴，其被以“妥善处理交叉

补贴”或“配套改革交叉补贴”的形式纳入改革政策中，但未明确具体的改革方案。关于普遍服务，现阶段仍保留普遍服务的义务，改革方案中或明确提出“电网企业按照国家规定履行普遍服务义务”或未提及。关于经济结构，随着本轮电改的推进，预期工商业电力价格将有所下降，这对鼓励工业经济发展是一件好事，但与改善经济结构的目标相冲突。

（三）地方（配）售电侧改革方案评估

我们采用相同的评价维度评估各省（区、市）（配）售电侧改革的政策效果。值得注意的是，（配）售电侧改革更多地集中在输配电、售电和用户用电的环节上。各地区（配）售电侧改革方案评估结果如表 1－3 所示。

表 1－3　　各地区（配）售电侧改革方案评估结果

地区	供电质量	电力价格	交叉补贴	普遍服务	电源结构	市场秩序	激励监管	经济结构
黑龙江	保障	下降	保留	保留	改善	完善	完善	不确定
福建	保障	下降	未明确	保留	改善	完善	完善	不确定
江西	保障	下降	保留	保留	改善	完善	完善	改善
广东	保障	下降	未明确	保留	改善	完善	未明确	不确定：通过降低电力等投入要素价格降低企业成本
重庆	保障	上网电价和工业销售电价下降，输配电价尚未核定	未明确	保留	改善	完善	未明确	不确定：限制高耗能和产能严重过剩的行业发展，支持工业经济发展
新疆生产建设兵团	保障	理顺价格形成机制	保留	保留	改善	完善	完善	不确定

本轮电力体制改革的关键是：理顺电力价格形成机制，在可竞争领域建立市场，推进能源价格市场化，使电价真实反映成本和市场需求变化；在自然垄断领域完善监管机制，核定输配电价。改革后，全国各地区 2015 年上网标杆电价均进行了下调，其中，河北南网、福建、山西下调幅度居前三位，分别为－7.56%、－6.94%、－6.2%；接下来下降幅度不低于 5%的地区有海南、上海、广东、安徽、天津、吉林；下降幅度在 4%和 5%之间的地区有河南、湖南、山东、辽宁、江苏、黑龙江、河北北网、青海、北京、云南；下降幅度在 2%到 4%之间的地区有四川、贵州、重庆、江西、广西、山西、湖北、浙江、内蒙古东部、新疆、甘肃、内蒙古西部和宁夏。此后，2015 年 11 月电力改革六大配套文件相继发布，电力改革持续推进。2016 年，河北南网、河南、山东、山西上网标杆电价相对于

2014 年的下降幅度达到了 15%以上（见表 1-4）。

表 1-4　　电改前后各地区上网标杆电价的变化

地区	2014 年 9 月 1 日（元/千瓦时）	2015 年 4 月 20 日（元/千瓦时）	2016 年 1 月 1 日（元/千瓦时）	2015 年相对于 2014 年的降幅（%）	2016 年相对于 2014 年的降幅（%）
河北南网	0.423 4	0.391 4	0.349 4	−7.56	−17.48
河南	0.419 1	0.399 7	0.355 1	−4.63	−15.27
山东	0.439 6	0.419 4	0.372 9	−4.60	−15.17
山西	0.377 2	0.353 8	0.320 5	−6.20	−15.03
福建	0.437 9	0.407 5	0.373 7	−6.94	−14.66
陕西	0.389 4	0.379 6	0.334 6	−2.52	−14.07
安徽	0.428 4	0.406 9	0.369 3	−5.02	−13.80
重庆	0.438 3	0.423 1	0.379 6	−3.47	−13.39
湖北	0.459 2	0.441 6	0.398 1	−3.83	−13.31
天津	0.404 9	0.381 5	0.351 4	−5.78	−13.21
江西	0.455 5	0.439 6	0.399 3	−3.49	−12.34
江苏	0.431	0.409 6	0.378	−4.97	−12.30
河北北网	0.414 1	0.397 1	0.363 4	−4.11	−12.24
海南	0.477 8	0.452 8	0.419 8	−5.23	−12.14
上海	0.459 3	0.435 9	0.404 8	−5.09	−11.87
四川	0.455 2	0.440 2	0.401 2	−3.30	−11.86
贵州	0.381 3	0.370 9	0.336 3	−2.73	−11.80
北京	0.392 4	0.375 4	0.351 5	−4.33	−10.42
广东	0.502	0.473 5	0.450 5	−5.68	−10.26
云南	0.372 6	0.356 3	0.335 8	−4.37	−9.88
辽宁	0.404 4	0.386 3	0.365 8	−4.48	−9.55
湖南	0.494	0.472	0.447 1	−4.45	−9.49
广西	0.457 4	0.442 4	0.414	−3.28	−9.49
甘肃	0.328 9	0.325	0.297 8	−1.19	−9.46
浙江	0.458	0.445 3	0.415 3	−2.77	−9.32
黑龙江	0.406 4	0.386 4	0.372 3	−4.92	−8.39
青海	0.354	0.337	0.324 7	−4.80	−8.28
内蒙古西部	0.300 4	0.293 7	0.277 2	−2.23	−7.72
吉林	0.401 4	0.380 3	0.371 7	−5.26	−7.40
宁夏	0.279 1	0.271 1	0.259 5	−2.87	−7.02
内蒙古东部	0.310 4	0.306 8	0.306 8	−1.16	−1.16
新疆	0.262	0.259	0.259	−1.15	−1.15

资料来源：笔者根据国家发改委电价文件整理。

从改革后全国各地区上网标杆定价的对比来看，地区之间的上网标杆电价存在很大的差异（见图 1－2）。2016 年，广东、湖南的电价高达 0.450 5 和 0.447 1 元/千瓦时，是宁夏、新疆上网标杆定价（分别为 0.259 5 和 0.259 元/千瓦时）的 1.7 倍左右。总体来看，电价可大致分为五个区间，处于高价区间的地区为湖南、广东；处于中高价区间的地区包括湖北、江西、四川、上海、广西、浙江、海南；处于中等价格区间的地区包括河北南网、天津、北京、河南、河北北网、辽宁、安徽、吉林、黑龙江、山东、福建、江苏、重庆；处于中低价格区间的地区包括内蒙古东部、山西、青海、陕西、云南、贵州；处于低价区间的地区包括新疆、宁夏、内蒙古西部、甘肃。

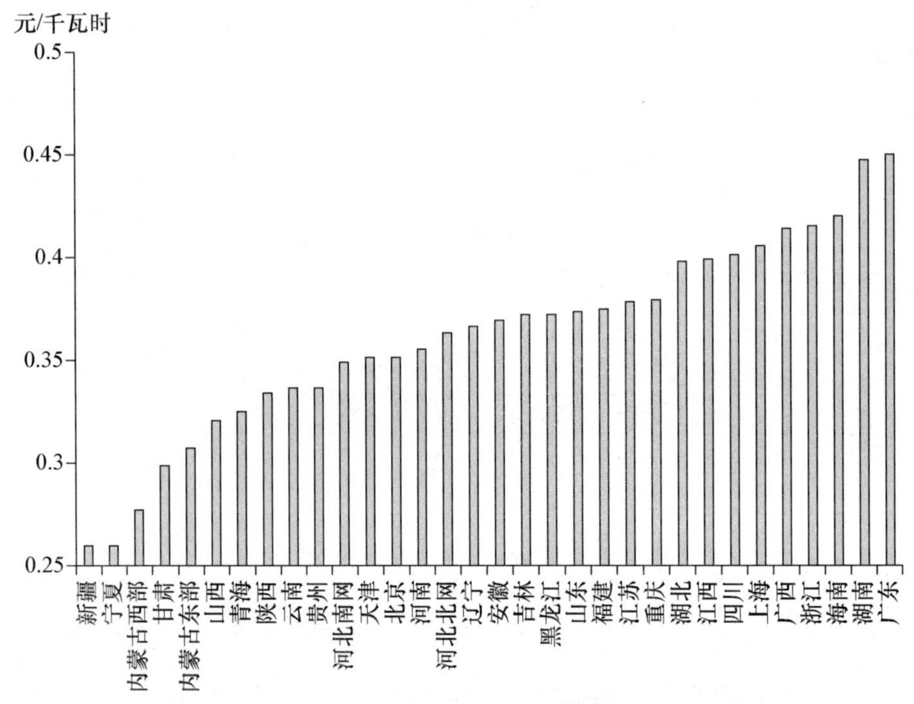

图 1－2　2016 年各地区上网标杆电价

资料来源：笔者根据国家发改委电价文件整理。

输配电价改革正以试点的方式进行推广。2015 年 3 月在内蒙古西部、安徽、湖北、宁夏、云南、贵州六个省级电网开展了先行试点，允许按“准许成本加合理收益”的原则核定输配电价。相对于 2007 年的输配电价标准而言，输配电价改革后，内蒙古西部和安徽大工业用户的用电价格有所上升，而湖北、宁夏、云南和贵州大工业用户 110 千伏以上的用电价格则出现了下降（见表 1－5）。2016 年 3 月，试点范围已扩大到北京、天津、河北南网、河北北网、山西、陕西、江西、湖南、四川、重庆、广东、广西 12 个省级电网以及电力体制综合改革试点电网、华北区域电网，输配电价改革试点覆盖了全国半数省级电网。

表 1-5　　输配电价改革试点地区改革前后大工业用户的电价差异

地区	输配电价	核定输配电价标准（国家发改委批复价格，元/兆瓦时）			
	（元/兆瓦时）	1～10千伏	35千伏	110千伏	220千伏
内蒙古西部	83.04	174.3	124.6	109.3	89.7
安徽	129.50	178.4	163.4	148.4	138.4
湖北	103.39	132.9	113.1	95.0	76
宁夏	128.17	164.9	134.9	104.9	73.9
云南	140.21	169.2	146.2	70.0	52.0
贵州	108.78	173.9	130.2	79.9	56.7

资料来源：笔者根据国家发改委电价文件整理。

在售电价格上，对一般工商业用户的用电价格进行下调，对大工业用户的用电价格不做调整。图 1-3 显示，2015 年全国多数地区的一般工商业用户用电价格均有下调，其中山西价格下调了 6.09 分钱，下调幅度居全国首位；而北京、吉林、内蒙古东部、青海和贵州的价格保持不变。此外，自 2016 年 1 月 1 日起，国家发改委将向除居民生活和农业生产以外的其他用电征收的可再生能源电价附加标准提高到每千瓦时 1.9 分钱。

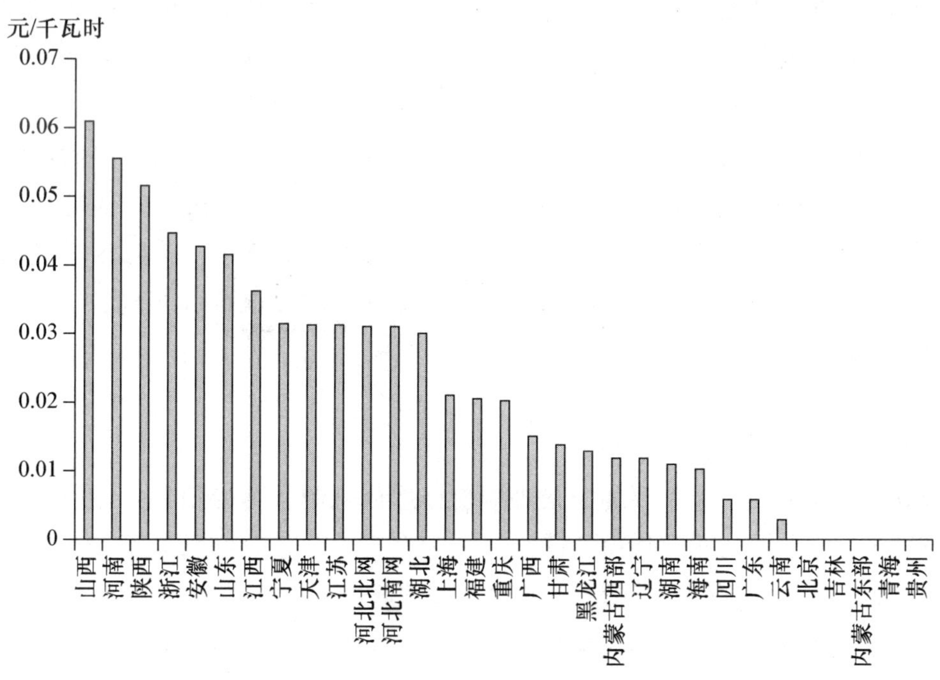

图 1-3　2015 年各地区一般工商业用电价格平均下降幅度

资料来源：笔者根据国家发改委电价文件整理。

四、进一步改革面临的挑战

为确保电力体系在市场作用和政府监管之下有效运转，以下挑战仍需予以关注：第一，从监管体系的科学建设和监管能力的有效提升两方面强化政府的监管能力。第二，理顺电力市场中的价格形成机制和传导机制，避免“成本加成定价”的弊端。第三，在市场作用主导的电力体制中，达成“确保可再生能源优先供电，确保居民优先用电”的发用电计划，并安排相关财源支持。第四，警惕省级区域内市场势力的影响，协调跨省级区域电力补贴，考虑跨省级区域电力交易平台和区域电网建设等问题。第五，此次电改由省级区域以内能源局与电改小组共同负责，电改的权责划分、电改方案实施和监督的落实都是亟待解决的问题。具体来看，包括以下内容：

（一）政府监管能力的挑战

在电力市场中，监管与市场相辅相成。各级政府的监管是电力体制的重要组成部分，更是电力市场运行通畅的重要保障。没有强大而有效的监管，发电侧的效率红利就难以实现，甚至可能出现不如不改的情况；没有强大的监管，电网企业的投资、运营成本以及可能的利益输送问题就难以解决。因此，电力体制改革必然包含着电力监管的升级和强化。

但是，电力监管的升级和强化绝不是简单等同于监管领域的延伸或监管条件的变化，而是监管体系的科学建设和监管能力的有效提升。从目前看，电力监管存在“没有法源，没有设备，没有人力”的情况。没有这些，监管机构如何定义市场势力？如何确定哪些企业违法？违反了哪些规定？没有人力定期、高强度的监管，被监管对象可能就会不遵守规定，市场效率、改革红利因而就难以实现。因此，未来必须加强监管能力建设。

（二）成本加成定价方式带来的挑战

电力体制改革的一个重要任务是理顺价格形成机制和传导机制，前者与电力生产紧密相连，后者则与输配售电相联系。从配套文件看，政府采取了较为简便易行的“成本加成定价”，即所谓的准许成本加合理收益的模式。这种方法的核心在于成本核算，包括电力生产成本、电力生产的负外部性成本、电力的输配成本等。而由于电力生产或输配企业与电力价格监管部门之间的信息不对称，电力成本核算是一项重大挑战。从国际经验看，成本加成方法下，电力企业会有过度投资的动机，经营过程会有人浮于事的问题，也会有上下游利益输送等问题。如何进行科学有效的监管是监管者面临的最大挑战之一。

（三）“两个确保”带来的挑战

为了兼顾特定用电主体的利益和可再生能源的接入，配套文件确立了“两个确保”：“确保可再生能源优先发电，确保居民优先用电”。在努力推进市场在电力资源配置中发挥主导作用的背景下，设计有效的政策或市场化手段达成上述“两个确保”，是一个不小的挑战。由于“两个确保”需要额外的财源来支持，因此从财务上做出一个可以解决问题且可以持续的安排是重大挑战。

（四）地方政府带来的挑战

本轮电改地方政府热情高涨，这也引发了新的问题。问题之一是部分省份发电侧的市场集中度较高，弊端在于：第一，各省（区、市）内发电市场将会继续保持较大程度的垄断，从而可能导致各省（区、市）内部几个大厂商串谋操控电价的现象。第二，各大发电集团在不同省份的市场保有量差异较大，形成明显的地域分割特点，以省（区、市）为单位进行电力市场改革有可能在各省（区、市）间形成壁垒，导致全国发电侧资源配置低效。第三，无论发电厂商市场份额大小，电力的特殊性都为发电厂商利用市场势力提供了天然条件。未来如何应对这一局面？是按照美国得克萨斯州的电改经验，要求占市场份额较大的企业出售股份，还是制定更细致的规定？另外，各省（区、市）电力生产和消费情况不同，这包括电力生产成本、电力消费水平和结构等，事实上存在区域之间的电价交叉补贴。而本轮电改之后，各省份之间的电力补贴政策协调成为一个挑战。

（五）重大责任划分的挑战

配套文件把电力市场建设监督的最终责任赋予了中央各相关部委、国家能源局和省级政府。由于三者的权限不同，政策工具不同，目标和任务也不同，三者共同负责的制度安排在实际运转中可能会面临较大的考验。若中央各部委的目标之间，以及中央部委和地方政府的目标之间有差异，那么如何协调平衡？因此，未来如何设计权责相符的体制是接下来决策部门亟须解决的问题。

五、对后续改革进程的建议

通过对电改文件的评估，以及对未来挑战的分析，我们对后续改革进程提出几点建议：

一是完善相关法律法规。“电改九号文”只是一个纲领性和指导性文件，真正落实还需要各方面的政策法规、操作文件来配套，要把《电力法》与《可再生能源法》《节约能源法》等配套法律法规相衔接，核心价值取向应由过去的“加快发展、保障供应”转向“绿色低碳、节能优先”，建立相应的监督机制和实施保障机制。

二是落实实施细则。新电改还有很多后续问题没有解决，例如，如何保证电力交易机构相对独立？如何强化政府监管？普遍服务不放开，如何保证发电企业不折不扣地落实这些发用电计划？如何保证电网的公平输送？取消发用电计划后，电力调度怎么协调？这些都需要相关的实施细则去落实，包括有序售用电计划、促进电力市场化交易、电力交易机构组建和运营办法、配售电业务准入和监管办法、售电侧体制改革、社会资本进入增量配电领域和输配电价核定办法等。

三是要抓紧出台资源税和环境税。当前电价中，煤炭发电的环境成本没有体现出来，火电价格低于清洁能源价格，只有把煤电的环境成本内生化，把煤电成本提上去，清洁能源才能有市场。高耗能企业是用电大户也是污染大户，新电改将有利于它们通过直接购电受益，因此要通过环境税把高耗能产业的环境负外部性及时考虑进来，否则高耗能企业用电反弹将导致更严重的环境污染。

四是对社会资本投资增量配售电业务设置更高的技术条件和资质条件。增量投资部分从顶层设计上就要避免电力企业的恶性竞争，要制定符合绿色低碳高效清洁规则的标准，提高新进入企业的技术和资质要求。研究如何让新售电机构有激励并且有义务为用户提高用电效率、优化用电模式、增加清洁能源消费比例，并且优化整个电力系统用电负荷曲线。未来新的售电机构盈利点应放在竞争出售用电服务方面。政府对售电机构的监管与考核不应唯“用电量”论，还应该包括用户的用电效率以及用户单位用电的效益等指标。

五是继续做好普遍服务工作。我国还有很多地方，尤其是边远农村、山区、落后地区，网架结构还很薄弱，在这些地方进行配电网投资是很难收回成本的，投资者不应当只顾为大用户、工业用户增加配电网投资而忽视社会普遍服务的责任。

更具体地，未来电力体制改革努力的方向主要有以下四个，分别是电改需促进能源和产业结构优化，还原商品属性、反映负外部性，尽可能地降低电改的社会冲击以及通过电改倒逼政府职能转变。

（一）促进煤炭清洁利用

我国能源生产和消费所要达到的目标包括以下几个方面：满足能源需求、保障能源供给的安全性、维持能源价格的可承受性和提高能源利用的清洁性。煤炭的清洁利用能够同时在这几个方面完成目标，在能源战略中占据着核心地位。首先，我国油气资源安全性不足，并且在以大力发展新能源为主的能源改革中作用有限。相对而言，煤炭产量丰富，对外依存度较低，能够保障我国能源安全。其次，新能源发展势头正猛，但短期内仍然只能靠补贴和政策支持进行生产，价格上的承受能力持续性不强，具有一定的局限性。相比而言，煤炭的清洁化使用在经济上能够维持价格的可承受性。最后，做好煤炭的清洁高效利用，是优化能源结构、促进能源生产和消费革命的关键环节，对于保障能源安全、治理雾霾也有重要意义。

做到煤炭清洁利用需要在以下几个方面进行努力：

一是进行技术革新。具体方法有三：第一，降低供电煤耗。2014 年，时任国家能源局局长吴新雄在全国“十三五”能源规划工作会议上指出，“新建燃煤机组供电煤耗要低于每千瓦时 300 克标煤，污染物排放接近燃气机组排放水平，现役 60 万千瓦及以上机组力争 5 年内供电煤耗降至每千瓦时 300 克标煤”。2012 年，中国 60 万千瓦及以上机组中，大约只有 15%达到了这一标准，还有很大改善空间。如果这一目标得到实现，则每千瓦时电的外部性成本大约可以减少 0.07 元，按 2012 年全国火电发电量 39 108 亿千瓦时来算，可以减少环境损失约 2 700 亿元。第二，加大科研投入力度。只要能达到新的污染物排放标准，就不限制企业使用煤炭，从市场化角度加快淘汰落后的煤炭利用方式，支持煤炭清洁利用技术改造。第三，加强污染物排放控制。积极发展煤炭资源综合利用，按照发展循环经济的要求，促进煤炭废弃物的再生资源化利用，可以减少长期堆积对环境造成的危害。

二是煤电全成本定价。经计算，煤炭发电的外部性成本只有约 30%被内部化了，应当对电力价格实施全成本定价，调整环境税和可再生能源补贴，让价格反映资源的稀缺性和环境治理成本，使电力使用者负担能源的外部性成本，即让电力生产过程中的外部性成本完全内部化。

三是加大对煤炭清洁利用的补贴力度，制定税收优惠，完善定价机制，健全融资体系。与此同时，在准确估计民众及工业企业接受程度（弹性）的基础上，给清洁煤使用制定合适的价格，激发企业的生产积极性，着重解决资金问题。另外，政府对实施清洁生产和利用的企业可以给予适当的政策倾斜，发挥“双重红利”：可以将排污费返还企业用于清洁生产，要求专款专用，解决资金紧张的问题。

四是实施规范管理。一方面，加强政府监督。学习其他地区的有效经验，从人力投入、法制建设、防范预案等方面加强政府监督，加强事故防治工作。另一方面，加大引进力度。一是加大从国外引进先进设备与技术的力度；二是鼓励清洁煤炭或者电力进口，增强清洁煤炭市场竞争，“挤出”国内不符合管理规范的不安全煤矿，从根本上减少事故发生。此外，进一步强化自备电厂管理。对自备电厂统一规划，疏堵结合，分类指导，加快市场建设，同时完善相关政策，加强监管，促进自备电厂健康发展。

（二）实施全成本定价

目前，我国电力行业外部性成本内部化表现为两个方面：一个是对污染能源的收费；另一个是对可再生能源的补贴。

与我国火电行业相关的环境税是排污收费，根据排污量征收，是从量税。根据我国工业企业排污收费标准，目前二氧化硫和氮氧化物的收费都是 1 污染当量值（千克）收 0.6 元，污染当量值（千克）和 1 千克的转化系数为 0.95。所以根据这个系数，我们算出 1 克二氧化硫或者氮氧化物收费为 0.000 684 元；同时我们已经计算出每千瓦时电产生的二氧化硫和氮氧化物排放量约为 2.93 克和 2.87 克，这样就能测算出每千瓦时电的排污收费为 0.002 元和 0.001 9 元（假定我们只考虑这两种火电主要污染物的排污收费情况）。所以，每千瓦时电的排污收费约为 0.004 元。

为了鼓励新能源的发展，我国近年来加大了对可再生能源发电的财政补助。风力发电和生物质发电补贴差不多，平均值约为 0.22 元/千瓦时，太阳能发电的补贴远远高于风力和生物质发电，平均补贴高达 2.42 元/千瓦时，是前两者的 10 倍多。

而经过计算，煤炭发电真实的外部性成本约为 0.75 元/千瓦时，天然气发电的外部性成本较低，约为 0.22 元/千瓦时。所以，对煤炭发电来讲，其外部性成本约有 30%被内部化了，而天然气发电的外部性成本几乎 100%内部化了。太阳能发电的单位能源补贴较高，达到了 2.42 元/千瓦时，再加上排污收费 0.004 元/千瓦时，那么整个内部化成本达到 2.424 元/千瓦时；这个数字已经远远高于估算出的煤炭发电和天然气发电的外部性成本，所以，对太阳能发电存在非常严重的过度补贴问题。

有鉴于此，应当对电力价格实施全成本定价，调整环境税和可再生能源补贴，让价格反映资源的稀缺性和环境治理成本，使电力使用者负担能源的外部性成本，即让电力生产过程中的外部性成本完全内部化。

（三）加强输配电成本监管

电力市场建设是电价改革的载体，而电价改革又是电力市场建设的核心，价格的制定离不开企业的成本，离不开对输配电成本的监管。加强输配电成本监管，有利于制定合理的电力价格和形成独立的输配电价格体系，有利于建立有效的电网成本约束和监督机制，有利于提升政府定价的科学性、合理性和透明度。对于加强输配电成本监管，有以下几点建议：

一是设立专业独立的输配电成本监管机构。我国电力体制改革的一个重要目标就是将政府对电力行业的宏观调控职能与经济监管职能分离开来。因此，电力监管机构就应具有事前监管职能，具体到输配电成本监管方面，就应该将与定价相关的成本审核权等赋予电网监管机构。同时，还应当赋予电力监管机构制定电力监管会计制度、根据需要对监管对象进行特殊审计等权力。

二是健全基层输配电成本监管组织体系。由于我国地域辽阔、人口众多、电力行业规模庞大、电力服务量大面广、地区间电力发展和改革进展不平衡的特殊国情，出现了严重的监管缺位现象。应当健全基层输配电成本监管组织体系，减少基层监管缺位、监管混乱的现象，消除“监管真空”。合理优化人员编制，既要满足组织电力改革的需要，又要稳步实施市场监管。优化监管人员结构，增加懂财务、审计、经济、法律等的复合型人才。

三是完善我国输配电成本监管规则。制定多层次的输配电成本核定标准，以资产价值、数量、人员以及电网企业经营规模等为变量，以电网企业平均历史数据为基数进行测算及修正，得出作业的标准成本，制定有效资产与运行维护费用的确认标准、有效资产和成本的计价方式。完善电网企业输配电成本核算办法，应遵循权责发生制，区分收益性支出和资本性支出，区分费用期间，合理界定输配电成本和其他业务成本并按动因进行分配，考虑以区域或者省份为实体，根据以功能为主、以电压等级为辅的原则划分输配电成本核算对象。完善电网企业输配电成本信息报送制度，确保其掌握及描述的信息的准确性和报送信息的质量。

四是制定完善的电力监管会计制度。电力监管会计制度的重点是对影响电价的电力设备价值、运行成本和资本成本按照监管需要进行核算。为满足电力监管的需要，规范电力企业的会计核算，应该建立专门的会计制度，对会计信息的形成和披露进行规范。监管会计制度的主要内容如下：(1) 会计账户分为记录被监管业务的账户、记录不被监管业务的账户和记录两种业务的账户（业务发生时不能区分为监管业务和非监管业务时作为过渡账户使用）；(2) 将会计账户中记录的两种业务的成本与收入在两种业务之间划分；(3) 经营者制定业务中的被监管业务与非监管业务的交易价格（或称为内部转移价格）的方法；(4) 按监管要求提供财务报告；(5) 作为审计的依据。

五是完善输配电成本监管的激励机制，以促使电网企业主动降低成本，提高效率，防止电网企业的过度投资，有效约束和控制输配电成本的不合理增长。借鉴英国在输配电成本监管环节制定电力批发价格、输配电价格，设计激励机制引导合理电力投资的经验，对于电网企业服务绩效（如创新、普遍服务、提高可靠性等）超过规定目标的适当给予奖励，反之予以惩罚，充分调动电网企业自身的主动性与积极性。

（四）妥善处理交叉补贴

我国电力市场实行的交叉补贴其实是一种中国模式的环境税，具有双重红利。我国电力企业利用在盈利领域（工业、商业）的收益来弥补在非营利领域（居民）的亏损，存在工业、商业电价对居民电价的交叉补贴。我国52%的工业能耗来自高耗能产业。对高耗能高污染的行业收取高电价，相当于对其征收环境税，倒逼高耗能产业转型，实现绿色红利。而对居民实行低电价，实际是把对高耗能产业征收来的环境税，返还补贴给居民，增加居民福利，实现效率红利。

不过，交叉补贴这个"环境税"没有经过税收系统，而是直接通过电网系统进行再分配。几十年来中国一直在实行中国特色的双重红利，是否要改革现行的销售电价交叉补贴，实现电力市场化定价是一个需要重新审视的问题。例如，是否能够通过在短期内维持交叉补贴，在长期内逐步厘清、剥离交叉补贴的方式来实现电价的市场化？毕竟市场化只是方向和手段，手段需要为目的服务，而不应该成为改革的目的。

（五）积极应对电价波动

我们通过统计2011年我国不同收入层级的城镇居民家庭用电量数据发现，收入越高，家庭用电量越高，最低收入户的平均用电量仅为总平均用电量的62%，而最高收入户的平均用电量达到了总平均用电量的1.56倍。所以，考虑到不同收入层级家庭的用电量，我国现行的民用低电价带来的补贴实际上更多地补贴了富人。

从供给方面看，提高电力价格将促进我国可再生能源发展以及电源结构向清洁化方向推进。从需求方面看，一方面，提高电价可以促进我国能源结构转变和产业结构优化；另一方面，由于我国居民用电价格偏低，电价增长缓慢，并且电力消费支出规模较小，不同收入层级的居民用电量差异很大，因此提高电价不会给居民带来较大的负担，还可以纠正现有不合理的补贴。

在提高电价之后，为了应对能源价格上升给经济带来的冲击，政府可以考虑降低增值税税率，实施增值税差别税率改革，消除电价上涨的冲击。能源作为一种基础生产资料，是制造其他产品的重要原材料或投入品，因此征收能源税所引起的能源价格波动必然会通过产业链传递到其他产品并最终引起一般物价水平的变化。在电价上涨的同时调低增值税税率，电价上涨将无力推动各地区物价水平的上涨。

（六）提升政府监管能力

与国际上能源监管经验进行对比后，我们发现中国能源监管体制在四个方面还存在一些问题和不足。为此，我们可以借鉴其他国家的成功经验，对我国能源监管体制加以完善。

一是完善能源监管法律体系，规范监督行为。能源立法是确立监管机构合法性的普遍做法，统一的能源法对能源监管机构的定位和监管体系的建设具有纲领性的作用。因此，我国需要尽快制定一部既有综合性又突出重点、既有政策指导性又有法律规范性、具有中国特色的能源基本法。在能源基本法之下，需要制定下位的能源管理法规、监管法规和能源市场发展条例，从而构建统一规范的能源监管法律体系，提高能源监管的执法能力和执行效力。然而，由于法律制定程序复杂、所需时间较长，在完善能源监管立法的过程中，可以参照已经实施的电力监管办法，先从制定相关的监管条例开始，待时机成熟后再逐步过渡到能源基本法。与此同时，能源监管立法需要紧紧把握能源监管及其立法的发展规律。

二是优化能源监管职能配置，调整监管机构设置。目前我国能源监管职能的分散混乱与监管机构的设置不合理是分不开的。笔者认为在能源监管机构设置上可以先采取一些过渡方案，例如促进不同行业部门具有相同监管职能的工作人员合作，或者相互调配使用，以加强信息的交流沟通等；然后逐渐抛弃传统的按行业划分的机构设置方式，将不同行业相同监管职能进行合并，按职能划分部门；最后归属一个独立的监管机构管理。

三是科学划分、合理分配能源监管权力。由于我国地方能源监管机构隶属于中央，相互之间并不独立，因此需要科学确定能源监管权力的横向和纵向划分，在不同监管部门和监管机构之间合理分配监管权力。

四是促进能源监管工具革新，全面提高监管能力。建立多层次、全方位的协作机制，如建立一些合作协调机构和会议制度来协调各方的利益，解决可能会出现的矛盾和冲突，进而提高我国整体的能源监管能力。

第二章　中国油气体制改革的逻辑

本章按照“现状—问题—经验—方法”的逻辑整理了我国油气体制改革的思路。首先针对我国油气行业目前的情况，提出了进口来源存在安全风险、油气价格无法反映产业链全成本、政府监管失灵、生产经营效率偏低四个问题；然后归纳阐述了美国、欧盟、英国、乌克兰、日本等国家和地区油气产业改革的经验教训；之后，在总结问题和借鉴国际经验的基础上，提出了我国油气体制改革的基本思路：以确保能源供给、应对价格冲击为目标，以政府、市场、企业的角色定位清晰为原则，通过价格、财税、监管等方面的改革逐步推进。

一、引言

我国油气体制的演进经历了国家计划经济[①]（改革开放前）、有计划的市场经济（1978—1998年）和局部市场经济（1998年至今）三个阶段。受制于“贫油少气”的资源禀赋，我国油气资源一直处于“供不应求”的状态。改革开放前，油气缺乏进口来源，资源短缺明显；改革开放后，国内经济高速增长，对油气资源的需求大幅度提升，供不应求现象愈加明显。而随着我国石油产量的增速逐年下降，在没有明显技术进步（特别是海上油田开发技术）的前提下，国内石油产量增长将进一步落后于经济发展需求增速，巨大的石油需求缺口只能通过进口弥补[②]，我国石油对外依存

① 李润生，刘克雨，朱建军．我国石油天然气行业改革探讨［J］．中国石油和化工经济分析，2015（8）：36-39．

② 张勤，杨孝青．我国石油供应现状及其安全战略体系构建［J］．科技和产业，2008（4）：10-13．

度将由目前的50%左右上升至70%左右[①]。在此情况下，通过进一步的油气体制改革，提升油气行业生产经营效率对我国经济发展、能源战略等方面都具有重要意义。1978—2014年中国原油产量及其同比增速、原油消费量同比增速如图2-1所示。

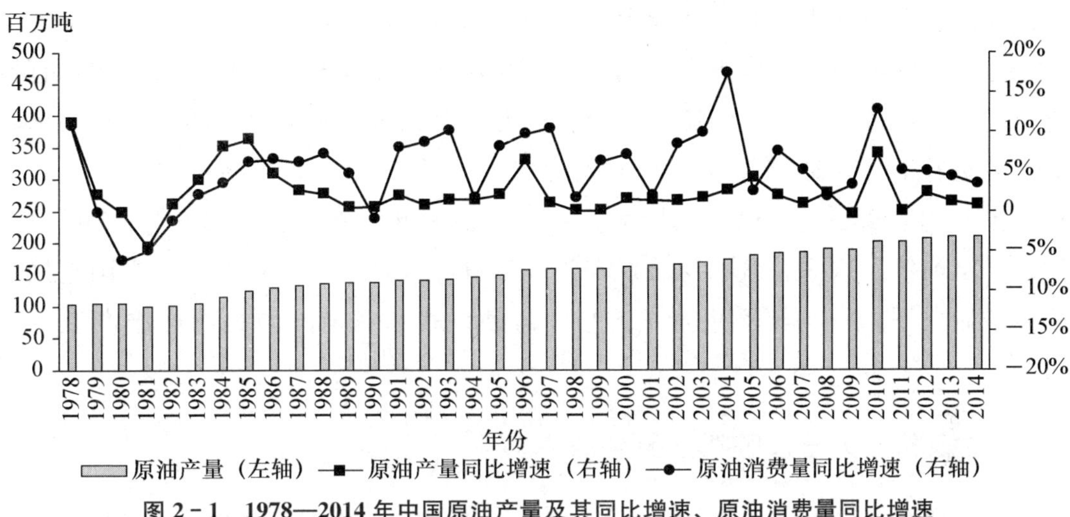

图2-1　1978—2014年中国原油产量及其同比增速、原油消费量同比增速

资料来源：BP统计年鉴（Wind数据库）。

此时，随着技术进步带来的勘探开发量增长以及北美页岩气供应大幅增加，全球油气供大于求、价格持续走低。这就使我国油气市场供需压力有所下降，适时推进油气体制改革势在必行。本章以分析我国油气产业面临的问题为切入点，以国际油气运行机制为借鉴，整理和阐述我国油气体制改革的基本思路。

二、中国油气产业的问题

油气在我国能源消费总量中所占的比重不大，2014年我国油气占能源消费总量的比重为22.8%，其中原油占比17.1%，天然气占比为5.7%[②]。但由于油气本身具有商品和战略两种属性，是国民经济运行、国家安全保障的重要资源，再加上我国油气进口依存度偏高的基本国情，油气产业具有问题多样化、复杂化的特点。具体来看，当前我国油气产业存在的问题主要表现在以下几方面：

（一）进口来源存在安全风险

一是进口集中度高，来源地稳定性不足。2014年我国原油进口主要来自中东

① 郑新业. 2020年全面建成小康社会的能源消费指标解读［R］. 北京：中国人民大学工作论文，2013.

② 数据来源于国家统计局（Wind数据库）。

(52%)、非洲(23%)、美洲(10%)[①]、俄罗斯、中亚等国家和地区。中东在石油市场中占有举足轻重的地位，但中东国家石油产业改革更加偏向于中下游，极有可能减少原油的出口而转向石油产品的生产和出口；美洲基本处于美国控制之下，从该地区获取石油供应的难度较大；非洲已成为全球争夺的重要石油产区，但中国企业在非洲的投资合作更多地偏向参与开发并直接在本地消化油气资源，直接进口难度较大；俄罗斯及中亚地区较有潜力，但获得稳定油气供给对政治要求较高。二是石油运输通道集中，安全风险较大。目前我国90%的石油进口依靠海运，主要的运输咽喉要道是波斯湾、霍尔木兹海峡、苏伊士运河、马六甲海峡、巴拿马运河等。这些通道本身面临海盗、竞争等风险，同时并不处于中国直接或间接控制之下，一旦爆发冲突，线路被封锁，就会对中国的石油运输产生重大影响。

(二)油气价格无法反映产业链全成本

我国现有的成品油定价机制如下：政府以布伦特等三地原油价格为基础，考虑炼厂成本、合理利润以及流通费用后制定最高限价，在10个连续工作日国际油价的移动平均价格变动幅度超过4%的情况下，对成品油零售最高限价进行调整。这一定价方式存在的问题如下：一是国际油价的变化规律虽然在一定程度上反映了进口油气产品的价格，但是无法充分反映国内油气的供需情况，忽略了国内油气产业的供给情况；二是价格没有包含油气生产过程中产生的勘探成本、环境成本；三是市场实际运行价格与指导价差异逐步扩大，批发、零售价格等通过折扣、促销等方式体现，价格不能真实反映市场供需变化，信号功能缺失。

我国现行的天然气定价主要采用“成本加成”的方法，即出厂时的生产成本加上合理的利润，同时挂钩进口燃料油和进口液化气的价格进行调整。其中天然气产业生产、运输价格由国家发改委制定，销售价格由地方发改委制定。[②] 这一定价方式的问题在于：一是成本方面未考虑国际天然气价格变化，同时未结合我国具体国情，有效调整竞争燃料种类，对电力、煤炭价格的替代效应缺失；二是在政策导向和负外部性方面，没有体现出天然气热值环保、便利等社会经济优势。

---

① 数据来源于美国能源情报署(EIA)，网址为http://www.eia.gov。

② 国产陆上常规气、进口管道气价格实行门站价，供需双方可在国家规定的最高上限门站价范围内协商确定具体价格；门站价与燃料油和液化石油气分别以60%和40%的权重计算的价格挂钩，并按可替代能源价格85%的水平(即折价系数K为0.85)通过市场净回值法测算中心市场的门站价，最后结合管输费具体确定各省份的门站价。页岩气、煤层气、煤制气出厂价格以及液化天然气气源价格放开，由供需双方协商确定。

（三）政府监管失灵

一方面，政府对产品质量的监管不足，导致资源错配。成品油质量检测标准偏低，安全税务等监督不严，同时受到最高限价的影响，高质量油品、规范经营的企业反而因为成本太高而竞争力不足。因此，企业缺少技术创新和服务优化的动力，反而偏向于降低油品质量、降低服务标准，油品市场上“劣币驱逐良币”的情况时有发生，给市场秩序和国家税收、环境治理造成了负面影响。天然气价格与市场供需及替代能源关系不大，大量的政府补贴影响了价格对市场需求的引导作用，企业缺少降低成本的动机，盲目扩大投资且容易出现利益输送和寻租问题。

另一方面，政府对油气管网安全的监管缺失，存在安全威胁。近年来，我国油气管道和储运设施规模保持了较高的增长速度，2005 年以来管道输油（气）里程年均增长 10.8%，较前 10 年平均增速高出 2 个百分点[①]。随着基础设施规模的扩大，风险发生的概率随之增加，且受到油气本身易燃易爆特点的影响，油气管道极容易成为外力攻击的目标。目前，我国的油气管网等基础设施的管理较为分散，缺乏专门的法律法规体系，在数据统计和安全监测方面的管理也较为薄弱，有针对性的应急措施和应急预案也需要进一步明确和优化。1978—2014 年我国管道输油（气）里程及其同比增长情况如图 2－2 所示。

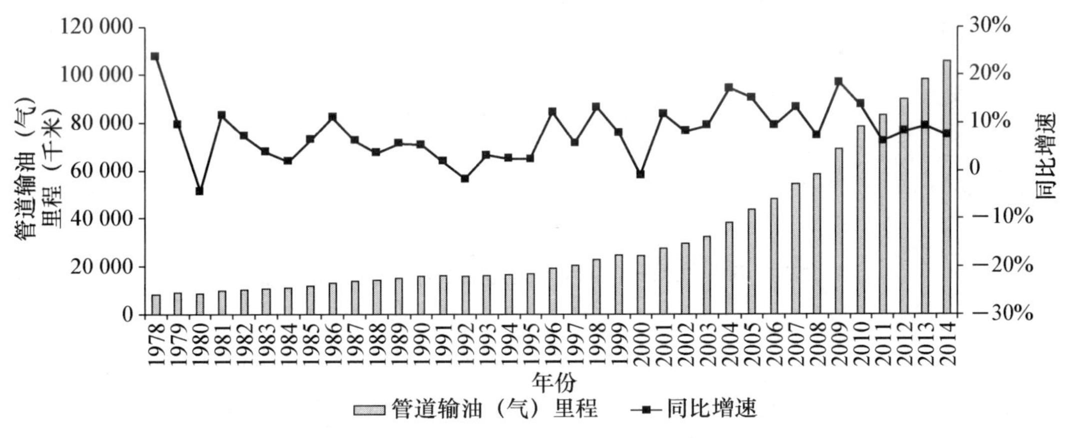

图 2－2　1978—2014 年我国管道输油（气）里程及其同比增长情况

（四）生产经营效率偏低

“X 非效率”是指在不存在市场竞争机制约束的状况下，垄断企业放松内部管

① 数据来源于国家统计局（Wind 数据库）。

理和技术创新，从而导致生产经营的低效率。成品油方面，纵向来看，上中下游一体化的经营机制在一定程度上限制了市场竞争，油品来源掌握在部分企业手中，且通过一体化产业链完成油品勘探生产、集输储运、炼化销售整个过程，中游和下游竞争受限，市场价格无法反映各环节的供需情况；横向来看，垄断企业存在明显的"A－J效应"，在市场需求不足的条件下仍然出现了过度投资的情况，近几年来我国炼化企业产能过剩就是最直接的例子——据不完全统计，2012年到2014年产能利用率下降了约4个百分点[①]。天然气方面，一是生产、输配角色一体化直接形成垄断，终端议价能力偏弱；二是地方存在市政管网定价的"最后一公里"问题，地方企业垄断终端管网不利于形成竞争、由价格体现真实供需情况。2006—2012年各公司天然气销售情况如表2－3所示。

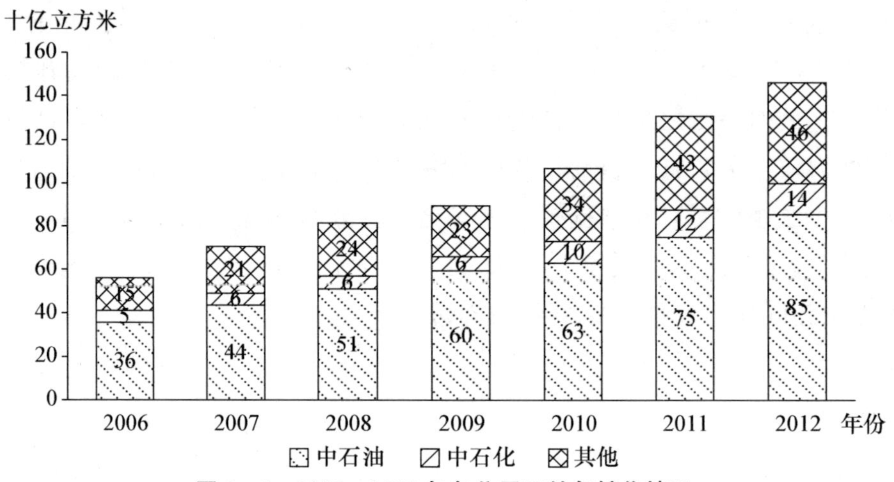

图2－3　2006—2012年各公司天然气销售情况

资料来源：中石油、中石化公司公告（2006—2012年），国家统计局（Wind数据库）。

三、油气运行机制的国际经验借鉴

从国际经验来看，各国油气市场的改革基本上都是综合利用"国家管制、部分管制、市场调节"等各种方式进行适合本国国情的尝试。根据不同国家油气体制改革的历程，对其经验进行总结，可以发现其基本上存在以下四个方面的特点：

（一）政府推动，法令先行

受到油气产业本身特殊属性的影响，石油和天然气行业很难形成直接的开放竞

① 笔者根据中国石油天然气集团有限公司（中石油）、中国石油化工集团有限公司（中石化）、中国海洋石油集团有限公司（中海油）、延长集团产能数据及国家发改委原油加工量数据估算。

争市场，相关改革都是通过政府部门主动规划和制定政策推动的，目标是调节供求并使价格趋于合理。其主要特点是政府主管部门履行管制职责，并以法令的形式推进。

以欧洲天然气改革的三个阶段为例，第一个阶段以1998年天然气基础设施第三方准入为起点，由欧盟委员会发布第一燃气指令98/30/EC，要求各国开放天然气市场并对开放程度做了要求（分为监管准入和协商准入）；第二个阶段以2003年的第二燃气指令2003/55/EC为标志，将管道与纵向一体化公司分离，加强了对天然气基础设施成本的监审力度，各国成立了独立的监管机构，推进了跨国管道建设和基础设施第三方准入开放；第三个阶段以2009年颁布的第三燃气指令2009/72/EC和管网准入法令715/2009为标志，进一步强调了天然气基础设施经营管理的独立性、公平性和透明度，建立了统一的监管框架。在此基础上，管道公司的销售业务被剥离，只承担管输服务功能，因此用户（或能源交易商）可以直接从生产商处购买而不需向管道公司购买，管道垄断经营被彻底打破。

以美国为例，其天然气市场经历了“价格管制—局部管制放松—结构性重组”三个阶段。其中，价格管制阶段以美国联邦公用事业委员会（PSC）于1938年颁布《天然气法案》为开端，对天然气井口价格进行管制，目的是调整市场价格和供需缺口。局部管制放松阶段以1978年美国国会颁布的《天然气政策法案》为标志，放开了对州际市场的管制；其间，美国联邦能源监管委员会（FERC）分别于1985年和1992年颁布了436号法令和636号法令，打破了管道公司对生产商的买方垄断与对分销商的卖方垄断，其销售职能被彻底剥离，只承担单一的运输职能。在结构性重组阶段，美国主要是形成了天然气期货市场和现货市场，现货市场和合同市场的天然气供应量足以使得市场出清，天然气供给职能从管道运输环节转移至地方配气公司，后者在井口市场购买天然气。

（二）及时调整，不断优化

在政府部门政策推进的过程中，改革目标并不能直接实现，不同方面的问题会随时反复出现。这就要求政府部门根据不同阶段政策的实施效果及时进行调整、补充，形成一系列的政策方案，逐步接近最终的改革目标。

比如欧盟天然气市场在第一燃气指令发布后，于1999年成立了马德里论坛，由改革的利益相关方参加探讨天然气市场自由化措施，为进一步改革奠定基础；第二燃气指令发布后，由于规则详细程度不足，部分管道公司并未能够完全脱离一体化公司从财务和法律上独立；在此基础上进行的针对性改革就要求所有成员国从国家法律层面保证落实第三燃气指令，以进一步推行第三方准入，对各成员国做到等效监督；此后，2010年欧盟通过了新法令994/2010以进一步提高供应保障水平，将供应保障纳入了欧盟成员国之间的市场整合范畴，从而确保特殊或紧急情况下天然气的正常贸易与供应，规定了天然气企业的供应义务、成员国间的双边协议以及最低供应与基础设施标准。

再以美国天然气井口价格管制阶段的政策变化为例。这一阶段，美国市场上的天然气价格持续上升，产量呈"倒U形"变化。1938年《天然气法案》颁布后，价格管制阶段主要分为三个小阶段：为了最大限度地增加消费者剩余，第一个小阶段（1938—1961年）主要采取低价管制措施。但这一措施打击了生产者的积极性，抑制了天然气的供给，引发了较大的供需缺口。为缓解供需失衡的局面、刺激天然气生产，第二个小阶段（1961—1969年）提高了管制价格；但是由于提价幅度过小，新的价格无法覆盖企业扩大生产所需的勘探成本、开发成本以及技术研发成本，并且还可能受到生产商个人的风险偏好影响，因此实际天然气产量反而进一步下降。在此情况下，第三个小阶段（1969—1978年）再次提价，涨幅高达82%，然而天然气产量并没有明显增加，而且新增储量甚至呈下降的趋势，主要原因是新的价格高于企业扩大生产带来的收益，导致企业产生了"懒人思想"，进而倾向于"白拿"额外收益，不扩大生产，结果导致供需缺口进一步恶化。旨在提高市场绩效的管制政策造成了事与愿违的结果，美国州际市场与州内市场的价格双轨制导致了套利行为，这又是之后局部管制放松阶段的缘起。

（三）放开准入，安全监管

运行成熟的油气体制在监管方面的特点较为明显：一是特定环节的监管、准入安排合理，以美国、英国天然气的"放开两头，管住中间"为代表；二是在设施安全方面的监管，美欧的立法、条例、体制等都相对成熟。

美国天然气放开准入的改革效果较好，主要以美国436号法令及636号法令的颁布为标志。1985年颁布的436号法令在抑制垄断方面包括两项内容：一是州际管道放开准入，分销商可以绕过州际管道公司直接向生产商购买天然气；二是开始限制长期合同的使用，允许分销商退出与管道公司的长期合同。这就打破了管道公司对天然气生产商的买方垄断，但管道公司无法退出与生产商的"照付不议"长期合同，面临巨大亏损。为解决这一问题，1987年500号法令颁布，允许管道公司将转型期成本的75%分摊给生产商、分销商与大客户。从天然气市场化的效果来说，仍然需要进一步的优化，因此美国联邦能源监管委员会于1992年颁布了636号法令，要求管道公司将运输、销售职能进行彻底分离，独立提供服务并且分别定价；严格禁止管道公司从事天然气销售业务，要求其转变为专业的天然气输送商。636号法令的实施，促进了竞争机制在管道市场的引入，使美国天然气市场管输价格逐年下降，天然气市场绩效得到改善。

能源基础设施安全方面的监管也是油气运行机制的重要组成部分。从较为成熟的欧美安全监管来看，包括事前、事中、事后三个环节。事前防范，主要是建立相关的组织部门及监管法律体系。如美国管道和危险材料安全管理局专门设立了管道安全办公室对管道相关的安全法规进行管理落实，还在2001年后成立了运输安全管理局负责管网运输安全；美国运输部、国土安全部和国家运输安全委员会出台了《联邦管道安全计划》《国家基础设施保护计划》等。事中进程监测，包括风险评价体系、规范监测体系和数据库。比如欧洲建立了输气管道事故数据库（EGIG）、欧洲石油化工协会数据库（CONCAWE），对油气管道的长度、温度、湿度、直径、压力等指标实现全面监测，评估和识别风险因素和等级，找到监测漏洞并进行预警；美国管道和危险材料安全管理局通过实地检查设施、开展安全事故调研、定期与相关经营主体会谈等形式实现对管网运输安全的监督。事后风险处置，是指应急预案和应急计划的制定和实施。美国议会的《能源安全》对能源基础设施应急的相关政策法规进行了总结，包括能源安全赔付、紧急事件反应和处理等方面的内容。

（四）目标导向，因地制宜

油气资源在全球的分布并不均匀，这就造成油气进口国与出口国的基本国情存在较大的差异，在油气价格、来源、供应等方面存在不同的需求，因而不同国家的油气体制存在差异。

乌克兰天然气资源非常丰富。其改革的主要目的是解决两个重要问题：产量下降和进口支付不足。产量下降的主要原因是缺乏资金和技术支持，因此乌克兰政府从国外引入资金，并发放勘探生产许可证给私人企业，吸引大规模投资推动天然气勘探与生产活动。进口支付不足的主要原因是乌克兰国内天然气进口由一家公司垄断，天然气价格的高额补贴导致高额债务，无法支付进口费用，因此乌克兰政府废除了进口商主权担保，允许部分地区私人企业进口与出售天然气。从效果上来说，乌克兰天然气体制改革并不成功，没能够解决这两个问题。总结来看，其主要的原因可以归结为三点：一是政府的角色定位不明确，关于是否应该保留国家干预，在哪些方面、什么程度上保留国家干预等没有明确结论，且政府缺乏持续的政治承诺；二是勘探和生产领域的管制、税收与市场准入等限制、阻止了潜在投资者的进入；三是没有明晰的网络准入规则、实时监测与合同安排。

日本是典型的油气进口国，其油气行业运行的主要目的是保证能源供给和提高市场效率。以勘探领域为例，日本2012版《基本能源法案》（Basic Energy Law）实施后，油气行业进行了大规模的所有制改制，政府和国家石油公司的勘探开发职能被弱化，综合管理和协调职能被强化。作为全权代表政府的行业公司，日本国家石油公司在地质调查、项目融资和技术研发方面，代表政府为企业做信用背书，支持日本的勘探开发公司的全球业务。日本油气勘探领域经历了私有化、国有化、国家石油公司和私营企业并存等诸多阶段，目前其处于政府回归职能化与私营企业加强职业化的形态。政府通过政策调整，在严重依赖石油进口以及本土油气产量微不足道的情况下，整合出了有国际影响力的上游公司如INPEX和JAPEX，整个行业很好地应对了外部环境的剧烈变化。

四、油气体制改革基本思路

（一）明确目标

结合我国基本国情，能源行业改革的基本目标包括五个方面[①]，分别是确保能源供给、治理环境污染、调整经济结构、应对价格冲击、保障能源安全。具体到油气领域，其改革的主要目标则是：确保能源供给，应对价格冲击；在此基础上，进一步利用好天然气本身清洁、便利的特性，达到治理环境污染的目标。

石油和天然气是我国能源消费的重要组成部分，具有需求量大、对外依存度高、进口集中度高的特点。首先，保证进口来源、防范安全风险是保证油气供应的首要目标。其次，行政性垄断和价格扭曲带来的效率低下、资产流失等问题日益严重，解决目前价格限制带来的资源配置不合理的问题势在必行。最后，结合能耗高企、环境污染等相关问题，提高清洁能源如天然气的使用效率也是油气改革应考虑的目标。

（二）基本原则

政府市场，各司其职。还原油气的商品属性，构建有效竞争的市场结构和市场

① 郑新业．中国能源革命的缘起、目标与实现路径［R］．北京：中国人民大学国家发展战略研究院工作论文，2015.

体系，实现油气价格合理配置资源的功能；转变能源的监管方式，建立健全能源法制体系，建立专业、高效的监管体系，全面提升油气行业监管能力。

主次分明，重点明确。参考国内电力体制“管住两头，放开中间”的改革思路及国际油气行业改革经验，重点控制关键环节，有序放开竞争性环节，实现油气行业管理的“提纲挈领”。

内外分开，角色清晰。结合我国油气产业的基本国情，对国有油气公司和其他所有制公司的角色进行定位。在国企改革、混合所有制改革过程中，注意保持油气行业在国际竞争中的谈判能力和议价能力，保证进口安全；同时注重破除国内的行政性垄断，通过合理竞争实现整体效率的提升。

（三）改革路径

价格改革。油气价格的市场化改革包括两个方面，即：放开进口权，连通国内国外两个市场；用价格体现全产业链的生产成本。具体来看，首先，要放开原油进口权，引入竞争机制，连通国内国外两个市场，把行业的国际竞争因素渗入国内价格形成过程中，这将对推动成品油产业升级产生积极作用。其次，要放开油品定价，充分体现企业成本，同时成品油市场的内外沟通也是成品油价格市场化的重要手段。天然气方面，要放开竞争，将天然气价格与竞争燃料市场价格挂钩，在上中下游的价格中体现不同环节的成本特点，同时形成联动机制，发挥市场的调节作用，实现全产业链成本定价机制。

财税改革。油气在我国属于稀缺资源，价格应该对其资源特性有所反映，体现在财税方面即加征资源税，这既可以视为对使用自然资源所支付的费用，也可以看作对环境污染和提供公共设施与服务的补偿。

监管改革。国际经验表明，成功的改革必然与政府监管职能的强化紧密相关。针对我国油气监管存在的问题，应该从完善能源监管法律体系、优化能源监管职能、提升能源监管格局并促进能源监管工具革新四方面共同努力，缺一不可。对于油气行业的监管，一方面，要规范竞争，促进财务独立。在天然气生产、净化、输送、配送等不同环节进行独立计价，自主核算，并保证竞争的规范性。将井口价格与竞争燃料的价格联动，并在政府监管下，采取由市场供需调节输配送服务费率的定价方式。另一方面，严格监管，重视产品质量。在加强监管产品质量，对油品标准和标号进行准确识别规范，有效监控成本的同时，做好安全、质量等方面的管道整体运营监管；在经营权方面加强研究，解决好“最后一公里”的竞争问题。

第三章　中国页岩气发展展望

一、背景

继美国、加拿大之后，中国于 2014 年成为全球第三个实现页岩气商业性开发的国家。自 2011 年国务院批准页岩气为独立矿种以来，我国页岩气产业商业化的进程持续加速。2015 年 6 月，国土资源部中国地质调查局公布的《中国页岩气资源调查报告（2014 年）》称，截至 2014 年年底，中国页岩气产业累计勘探投资 230 亿元，完成二维地震勘探 21 818 千米，三维地震勘探 2 134 平方千米，钻井 780 口，铺设管线 235 千米。国土资源部共设置 54 个页岩气探矿权区域，总面积达 17 万平方千米，主要集中在四川盆地及周缘地区，勘探获得三级地质储量近 5 000 亿立方米，探明地质储量 1 067.5 亿立方米。从全国来看，页岩气勘查开发的突破口在四川盆地，之后陆续在鄂尔多斯盆地和华北也取得了重要突破。页岩气产能建设则主要在重庆涪陵和四川长宁—威远等地的示范区进行，截至 2014 年年底，已建成产能为 32 亿立方米/年，2014 年产量达 13 亿立方米。

2016 年 4 月 6 日，国土资源部举行新闻发布会，对 2015 年中国石油天然气等主要矿产资源储量的最新数据进行了介绍。数据显示，2015 年全国页岩气产量 44.71 亿立方米，同比增长 243.9%，产量增速十分可观。但即使是在这样的高速增长情况下，中国的页岩气产量仍然没有达到之前中国政府在《页岩气发展规划（2011—2015 年）》中所提出的年产量 65 亿立方米的目标。

近两年来，国际油价持续下跌，油气勘探开发的利润空间不断压缩，加上页岩气产业的成本投入原本就比常规油气高出很多，使得中国的页岩气产业刚刚起步就举步维艰。一方面无利或少利可图，另一方面又承载着提供安全、清洁的能源替代品的重任。发展还是不发展？中国的页岩气处在一个十分尴尬的境地。由于政府的重视，页岩气依然有可能在未来成为中国新能源的新突破口，但是对比美国超过 1 700 亿立方米的年产量，中国页岩气在开发利用方面仍然有很长的一段路要走。

二、页岩气产业发展特点

（一）勘探开发起步迅速，初步形成四大页岩气产区

2008 年，全国地质勘查规划首次提出中国要进行页岩气的探索工作。2008 年 11 月 26 日，四川省宜宾市的长芯一井顺利完钻，标志着中国页岩气进入了以“寻证找气”为特点的勘探开发阶段（陈尚斌等，2010）。自 2009 年财政资助开展页岩气资源潜力评价及有利区带优选工作以来，由于中央高度重视，国土资源部和国家发改委等部门强力推进，我国页岩气勘探开发工作在中央政府、地方政府和企业的共同发力下，迅速开展，取得了一系列重要的突破。

2011 年，国务院批准页岩气为独立矿种，国家发改委、国家能源局也正式提出了页岩气发展规划目标，中国页岩气勘探开发进入加速期。自 2011 年以来，我国先后在四川盆地、滇黔地区、鄂尔多斯盆地等地区设立了 2 个示范基地和 4 个示范区，并制定了“十二五”目标（见表 3-1）。

表 3-1　　页岩气开发示范区或示范基地及“十二五”目标

设立单位	名称	设立时间	面积（平方千米）	“十二五”目标		建设单位
				探明地质储量（亿立方米）	产能或产量（亿立方米）	
国土资源部（示范基地）	陕西延长	2011 年 11 月	—	2 500～3 000	5	延长石油
	贵州黄平	2011 年 11 月	—	>500	1.5	中石化
国家发改委、国家能源局（示范区）	四川长宁—威远	2012 年 4 月	6 543	>3 000	>50	中石油
	滇黔北昭通	2012 年 4 月	15 078	>1 000	>5	中石油
	延安	2012 年 9 月	4 000	>1 500	>5	延长石油
	重庆涪陵	2013 年 9 月	—	—	>50	中石化

由于成藏条件比预期复杂，技术攻坚难度大，“十二五”目标未能完全实现，

不过页岩气产业发展仍取得了巨大成绩。根据最新数据[①]，在整个“十二五”期间，页岩气勘查工作取得重大突破，累计新增探明地质储量5 441.29亿立方米。其中2015年，我国页岩气勘查新增探明地质储量4 373.79亿立方米，新增探明技术可采储量1 093.45亿立方米；2015年年底，全国页岩气剩余技术可采储量1 303.38亿立方米。我国页岩气2014年正式进入商业开发以来，当年产量达13亿立方米，2015年页岩气全国产量为44.71亿立方米，同比增长243.9%，增长迅猛。

在油气示范区建设方面，我国已在四川盆地、鄂尔多斯盆地取得重大进展，初步形成了涪陵页岩气田、长宁—威远产气区和鄂尔多斯盆地页岩气产区等四大页岩气产区，整体产能达到70亿立方米/年。其中，中石化涪陵页岩气田探明储量达到3 805.98亿立方米，含气面积扩大到383.54平方千米，成为除北美之外全球最大的页岩气田[②]；长宁—威远国家级页岩气示范区新增含气面积207.87平方千米，页岩气探明地质储量1 635.31亿立方米，日产量达700万立方米，形成了20亿立方米/年的产能[③]；鄂尔多斯盆地页岩气产区勘探过程中发现多处稳定页岩气流，具有良好的开发前景。目前，原油价格持续保持低位，给页岩气的勘探开发带来了很大压力，不少页岩气区块获标的民企和地方企业进展相对缓慢。不过整体上看，我国页岩气产业发展速度较快，已初步形成一定的规模。

（二）技术发展及推广进程快

通过技术引进、合作，以及在页岩气示范区域开展一系列先导试验持续攻关，中国目前已形成了一套适应复杂地质、地表条件的页岩气勘探开发关键技术与配套装备，并基本实现了国产化及大规模应用（董大忠等，2016）（见表3-2）。

表3-2　　中国页岩气勘探开发关键技术与装备体系表

技术系列	技术构成
地址综合评价技术	页岩地层露头地质调查技术，地震页岩储层识别、评价与预测技术，测井页岩气层识别、评价与预测技术，页岩气甜点区及层段评价优选技术，页岩气地质评价与资源评价技术，地质与工程一体化评价技术，页岩有机地球化学指标分析测试技术，页岩岩石矿物学分析技术，页岩储集孔隙结构观测与测试技术

① 中华人民共和国国务院新闻办公室，国土资源部介绍2015年主要矿产新增储量情况发布会［R/OL］.（2016-04-06）［2016-04-06］. http://www.scio.gov.cn/xwfbh/gbwxwfbh/xwfbh/gtzyb/Document/1473634/1473634.htm.

② 重庆涪陵页岩气田建成年产能50亿立方米［OL］.（2015-12-29）［2015-12-29］. http://wap.cnpc.com.cn/system/2015/12/29/001573015.shtml.

③ 舒娅疆. 中石油西南油气田公司建成首个国家级页岩气示范区［EB/OL］.（2016-01-14）［2016-01-14］. http://stock.hexun.com/2016-01-14/181794286.html.

续前表

技术系列	技术构成
实验分析测试	纳米孔隙三维重构技术、页岩岩石物理性质测试技术、页岩含气性测试与评价技术、页岩岩石力学特征测试技术
钻完井配套技术	水平井优化设计技术、水平井井壁稳定技术、水平井旋转导向技术、水基/油基泥浆钻井液技术、水平井固井技术、平台井组“工厂化”钻完井配套技术
体积压裂配套技术	体积压裂设计技术，分簇射孔、快钻桥塞、压裂液技术，水平井分段压裂技术，差异化分段压裂工艺参数优化技术，复合桥塞+电缆传输分簇射孔工艺技术，页岩储层改造实验评价技术，大规模储供液方式，连续供砂工艺，套管滑套、泵注装备、3000 型压裂车组、标准化作业规范
页岩气开发优化技术	页岩气开发机理实验评价技术、页岩气井递减与 EUR 预测技术、页岩气井开发部署优化技术、页岩气开发方案设计技术、页岩气藏数值模拟技术、产能预测与评价技术
页岩气井站集输工艺	标准化设计技术、一体化橇装技术、数字化管理技术
安全清洁生产模式	岩屑不落地处理技术、油基岩屑利用技术、压裂液返排再利用技术、CO_2 无水压裂技术

在页岩气勘探开发新技术方面，中国也取得了可喜的进展，包括同步压裂技术、高性能水基钻井液研发以及无水压裂技术等（陆争光，2016）。2014 年 8 月，结合国产化桥塞装备及技术，中石化涪陵页岩气田首次成功实现了“单平台、4 口井井工厂”同步压裂，创造了平台压裂施工单日加砂量/加液量最大、速度效率最快等多项纪录，有效提高了施工效率，大幅降低了压裂施工成本。2015 年 6 月，中石油自主研发了页岩气水平井高性能水基钻井液，并成功应用于威远—长宁示范区，该水基钻井液具有安全环保性强、成本低及可循环再利用等优点，未来有望替代油基钻井液。2015 年 10 月，延长石油在云页 4 井成功实施了二氧化碳干法压裂，创造了国内陆相页岩气污水压裂的先河，该技术目前仅有少数公司掌握，具有无水相、快返排以及无残渣等优点。

目前，中国页岩气技术在应用方面表现良好。根据《中国页岩气资源调查报告（2014 年）》，中国 2014 年年底前已能实现 3 500 米以下浅水平井钻井及分段压裂熟练作业，具备水平井分段压裂多达 22 段、长达 2 130 米的能力；自主研发了可移动式钻机、3000 型压裂车等设备；页岩气勘查开发技术及装备基本实现国产化，水平井单井成本从 1 亿元下降到 5 000 万～7 000 万元，施工期不断缩短，钻井周期从 150 天减少到 70 天，最短的仅 46 天。

（三）本土企业主导国内市场，中石油、中石化取得突出成绩

中国页岩气的主要产业推动者是中石油、中石化、中海油和延长石油这四大石

油公司。根据《中国页岩气资源调查报告（2014 年）》公布的数据，截至 2014 年年底，中石油、中石化、中海油、延长石油、中联煤层气和在两轮页岩气区块投标中中标的其他 16 家企业累计投入勘探投资额 218.8 亿元，完成二维地震 2 万千米，三维地震 2 134 平方千米，钻井 669 口，铺设管线 235 千米，相关的产能建设水平为：中石化 20 亿立方米/年，中石油 7 亿立方米/年，延长石油 2 000 万立方米/年。从产能建设和对应的累计投入资金量来看，两大油企巨头的参与程度远远超过其他的企业（中石化以 126 亿元居首位，中石油以 68 亿元排第二，第三名延长石油累计资金投入量仅 7.2 亿元），已经完全占领了页岩气开发先机，牢牢坐稳了页岩气产业第一和第二把交椅。虽然近年来国内的其他几大油气企业也竞相发力页岩气市场，但是与中石化、中石油两大公司相比，参与程度低很多，作用比较有限。除几大油气公司外，中联煤层气公司等国内几大煤电集团也积极参与页岩气资源开发，比如参与页岩气的探矿权招标。限于资金和技术的制约，民营企业目前只是初步参与页岩气的投资开发，如华瀛山西能源投资有限公司和北京泰坦通源天然气资源技术有限公司在页岩气探矿权第二轮招标中分别拿下了贵州凤冈页岩气二区块、贵州凤冈页岩气三区块。整体上，除几大油气公司外，其他的企业，不管是国有企业还是民营企业，并未对中国的页岩气产业市场产生实质性影响。

我们将几大公司的页岩气相关发展情况和开发动态整理总结如下：

1. *中石油*

2007 年，开展了我国第一个页岩气地质综合评价。

2008 年，钻探了我国第一口页岩气地质评价井——长芯 1 井，确定了优质页岩气层段五峰—龙马溪组。

2010 年，钻探了我国第一口页岩气勘探评价直井——威 201 井，10 个月后试气成功，确定了四川盆地的富气性及前景。

2011 年，钻成我国第一口页岩气水平井——威 201-H1 井，并压裂获气。

2012 年，钻获我国第一口具有商业价值页岩气井——宁 201-H1 井，并压裂获气。

2012 年，中石油旗下全资子公司 Phoenix Duvernay Gas 以 22 亿美元的投资入股，和加拿大能源公司 Encana Corp 合资共同开发 Encana Corp 在加拿大的 Duvernay 页岩气项目（中石油持股 49.9%）。

2013 年，开钻我国第一个“工厂化”试验平台。

2014 年，建成我国第一条页岩气外输管道，开始了示范区规模建产。

2015 年，中石油宣布在四川盆地页岩气勘探上取得重大突破，首次提交 3 个区块的页岩气探明地质储量，并获国土资源部审核通过。这是中石油首次提交页岩气储量，标志着中石油的页岩气勘探开发逐步走向成熟。

2. 中石化

2011 年，建立了适合中国南方的页岩气选取评价体系。

2012 年，首个页岩气产能建设示范项目在涪陵正式启动；11 月，焦页 1 井钻获高产页岩气，中石化页岩气发展驶入了“超快车道”。

2012 年 4 月，中石化与美国戴文能源公司签署了收购其 5 个页岩油气资产权益的协议。

2013 年，开展涪陵页岩气项目，计划 2014 年实施一期工程的第一个项目——北区产能建设项目，该项目新钻井 91 口，配套建设页岩气集输等设施，新建产能 18 亿立方米/年。

2014 年，涪陵页岩气勘探开发取得重大突破，中国第一个大型页岩气田诞生。中石化制定了涪陵页岩气田百亿立方米产能建设总体目标规划方案，一期工程计划实现产能 50 亿立方米/年。该项目将新钻井 117 口，配套建设页岩气集输等设施，新建产能 25 亿立方米/年。

2015 年，涪陵页岩气田如期完成 50 亿立方米的一期产能建设，相当于建成了一座 500 万吨的中型油田，并正式启动二期 50 亿立方米/年产能建设；初步规划在涪陵区等地区部署 90 多个平台 300 余口井，力争 2017 年建成 100 亿立方米产能规模大气田。

3. 中海油

2010 年，斥资 10.8 亿美元（约合人民币 72 亿元）收购美国第二大天然气生产商切萨皮克能源公司位于得克萨斯州南部的页岩油气项目的部分权益；

2012 年，安徽芜湖下扬子西部页岩气区块（勘探面积 4 840 平方千米）全年完成二维地震采集 250 千米，选出 3 类 5 个有利区域（总面积约 2 080 平方千米），初步估算出页岩气资源量，显示出良好的勘探潜力和前景。

2013 年，在安徽芜湖下扬子西部区块部署了 66.18 千米的二维宽线地震采集项目，为准确评价页岩气资源及进行页岩气气藏综合研究提供了重要依据。

2013 年，与壳牌中国勘探公司签订联合研究协议；与同济大学、中国地质大学和美国犹他大学等展开页岩气理论基础研究，进一步圈定了勘探有利区的范围。

2013 年，参股的美国鹰滩和尼奥泊拉拉页岩油气区块实现权益原油产量合计

202万吨，权益天然气产量6.26亿立方米。

2014年，安徽页岩气项目成功实施陆上第一口页岩气井——徽页1井。

2015年，在业绩发布会上宣布暂时搁置其位于安徽省的页岩气项目。

4. 华电集团[①]

2011年，华电集团决定进军页岩气开发领域，并部署页岩气开发利用工作，授权中国华电工程（集团）有限公司（华电工程）作为华电集团页岩气开发的实施主体，正式拉开了华电集团进军页岩气开发利用领域的帷幕。

2012年，参与第二轮页岩气招投标，获得5个页岩气区块，分别为华电煤业集团公司中标的贵州绥阳页岩气区块、中国华电工程（集团）有限公司中标的湖南花垣页岩气区块、华电湖北发电有限公司中标的湖北鹤峰页岩气区块和咸丰来凤页岩气区块，以及湖南省页岩气开发有限公司中标的湖南永顺页岩气区块。

2013年，华电中标的5个页岩气区块，除贵州绥阳页岩气区块外，均进入勘探阶段。

2014年，湖北咸丰来凤页岩气区块龙马溪组开钻的来地1井完钻，初步评价落实湘鄂西四个页岩气区块总资源量。

2015年，湖北来凤来页1井成功压裂，意味着华电集团第一口海相页岩气井诞生，标志着湖北省页岩气商业性勘探开发迈出了坚实的步伐。

5. 延长石油[②]

2008年，开始进行前期准备工作，成立了非常规油气中心。

2011年，延安下寺湾地区压裂柳评177井，压裂试井并成功点火，成为中国第一口陆相页岩气出气井。

2012年，自主设计施工的延页平1井在陕西省延安市甘泉县下寺湾完钻，这是重要含油气盆地鄂尔多斯盆地的第一口页岩气水平井，标志着我国陆相页岩气勘探开发取得新进展。

2012年，经国家发改委正式批准设立“延长石油延安国家级陆相页岩气示范区”。这是首个国家级陆相页岩气示范区，面积为4 000平方千米，“十二五”期间安排探明地质储量1 500亿立方米以上，建成产能5亿立方米/年以上。延长石油至此也成为首个进军页岩气的地方大型油企。

2012年，延长石油集团编制的“863”计划项目页岩气勘探开发新技术可行性

---

① 资料来源于中国页岩气网。

② 同①。

报告通过科技部评审。国土资源部下拨 1.4 亿元支持该项目的科研和开发建设，国家能源局也会向延长石油下拨 2.6 亿元专项扶持资金。

2013 年，与美国得克萨斯大学奥斯汀分校就陆相页岩气研发签订了合作协议。

2013 年，累计完钻页岩气井 30 口。

2014 年，累计实施探井和评价井 51 口，预计到“十三五”末，延长石油将建成页岩气产能 10 亿立方米/年。

（四）国外企业参与中国页岩气开发

中国页岩气产业起步较晚，早期勘探开发过程中使用的高端技术均来自外资石油公司。同时，在前些年高油价的支撑下，国外石油企业也有较强的意愿参与中国的页岩气开发，这使得中外企业在页岩气开发方面的合作十分密切。2007 年 10 月，中石油与美国新田石油公司签署了中国第一个页岩气开发对外合作研究协议《威远地区页岩气联合研究》，标志着中国页岩气借鉴合作研究的开端。此后，几乎所有的国际大型石油公司悉数在中国页岩气领域“有所作为”，比如 BP（英国石油）、埃克森美孚、雪佛龙、挪威国家石油公司与中石化合作；壳牌、道达尔、康菲与中石油合作，等等[①]。具体而言，BP 与中石化合作在贵州凯里和江苏黄桥两个区块开展勘探，埃克森美孚与中石化合作对四川南部五指山—美姑区东部区块开展研究，雪佛龙与中石化合作在贵州黔南州龙里县进行页岩气勘探，挪威国家石油公司计划与中石化合作对中国离岸油气资源做调研，壳牌与中石油在四川富顺—永川区块进行合作，道达尔在鄂尔多斯盆地苏里格南气田与中石油合作，康菲石油公司拟与中石油合作勘探成渝间一个区块。

外资企业参与中国页岩气开发主要有两个特点：一是主要与综合实力最强的中石油和中石化进行合作；二是不直接参与区块的投标竞争，主要采取产品分成模式。主要原因是，外资企业不能单独获得页岩气区块的勘探开发权，已知的页岩气优质区块与常规油气区块存在较大的重叠，而中石油和中石化拥有其中大部分区块的勘探开发权，外资企业与它们合作勘探开发的风险相对较小。

不过随着近几年来国际油价持续走低，全球页岩气产业受到了较大的冲击，中国页岩气产业也是如此，国际石油巨头们纷纷选择撤离中国页岩气市场。2015 年 7 月，康菲石油宣布已经停止在华所有页岩气合作项目。此前，美国中型石油公司阿

① 张旭东．外资企业的页岩气通道［EB/OL］．（2013－01－09）［2013－01－09］．http://finance.eastmoney.com/news/1355/20130109267157469.html.

纳达科石油、阿美拉达赫斯等已宣布退出中国页岩气上游产业。壳牌、雪佛龙等也传出在华页岩气项目前景堪忧的消息[①]。在这个时间点退出，对于中国页岩气产业的整体发展是有一定冲击的，不过并未产生实质性影响，中国页岩气产业已经具备一定的独立自主生产能力，一些区块产量可观，不会因此而完全停滞。

三、发展前景和影响因素分析

（一）我国页岩气发展的优势分析

1. 资源储量丰富，分布广泛

在页岩气产业发展方面，中国最大的优势在于页岩气资源丰富，资源储量和技术可采储量均位列全球第一。在美国能源局2011年公布的对全球32个国家的48个盆地进行的首次页岩气技术可采储量评估报告中，中国页岩气的技术可采储量达36.1万亿立方米，位居世界第一。2012年我国国土资源部公布的我国页岩气资源初步评估结果显示，我国陆相页岩气的技术可采资源储量（不含青藏高原地区）为25.08万亿立方米，其中勘探开发地区可采资源量达15.95万亿立方米（滕吉文等，2013）。尽管数据上略有不同，但是中国页岩气储量巨大的事实是得到了普遍认同的。除分布在四川、鄂尔多斯、渤海湾、松辽、江汉、吐哈、塔里木和准噶尔等含油气盆地外，页岩气在我国广泛分布的海相页岩地层、海陆交互相页岩地层及陆相煤系地层三种类型地层都有分布（赵勇等，2011）。

2. 产业发展迅速，技术体系初步成型

中国是继美国、加拿大之后，全球第三个实现页岩气商业化生产的国家。通过四川盆地、鄂尔多斯盆地页岩气的商业化开发，以及河南、内蒙古等地页岩气勘探开发的突破，目前，中国初步掌握了从页岩气地球物理技术到压裂试气技术等一系列勘察开发技术，并形成了页岩气勘探开发工程集成配套技术（邹才能等，2016），包括以“井工厂”钻井模式、弹韧性水泥浆体系、油基钻井液体系为关键的钻井技术，以长水平段套管中输送测井、区域录井为特色的测录井技术，以泵送桥塞与射孔联作、井工厂高效压裂技术为代表的压裂试气技术，以微地震观测系统设计为出发点的微地震裂缝监测技术，以“环状＋枝状”布站、标准化建设为主的地面工程

---

① 国际巨头纷纷退出页岩气业务，中国页岩气开采遇冷［EB/OL］.（2015－07－24）［2015－07－24］. http://www.askci.com/news/chanye/2015/07/24/113641uucg.shtml.

建设技术等。目前，中国在钻井、井下工具和压裂设备等常规领域的设备已初步实现国产化，对 3 500 米以下浅区域的勘探开发已基本实现了国产化及规模应用，发展态势良好。

(二) 我国页岩气发展的劣势分析

1. 资源成藏条件复杂，勘探开发成本高

虽然中国页岩气资源储量丰富，但富含有机质的页岩多分布在年代较老的或年代更新的地层，陆相和海陆交互相地层占很大比例，地质结构复杂，勘探难度较大。同时，中国页岩气目的层系后期大多经历了强烈改造，聚集规律较为复杂，不利于页岩气的保存（王中华，2013）。目前，页岩气开发综合条件最好的四川盆地产气区（占中国页岩气储量的 50%以上）就面临这样的问题，其地质构造复杂，存在大量的褶皱和断层，地层活动频繁，部分地层含硫量较高，不利于大规模地勘探开发。这样严峻的地质条件使得中国页岩气开发成本远高于美国，为美国的 2～3 倍，商业化价值大打折扣。

页岩气产业属于资本密集型产业。相对传统天然气，页岩气的前期勘探开发资金投入很大，并存在单井产量低、产量递减快的特点，必须达到一定规模才具备资金回报率。相比而言，我国石油工业起步较晚，很多地质资料并不全面，加上页岩气分布地层较深，对页岩气实际贮藏区信息的掌握程度不高。目前已完工的页岩气井都存在着开采产量下降，甚至不产气的情况，这与前期勘探不全面有很大的关系。页岩气井的钻探成本非常高，每口水平井成本为 5 000 万～7 000 万元人民币，在不了解确切的潜在商业价值的情况下打井，可能造成大量损失。

复杂的地质地理条件也给相关配套设施的建设增加了难度。截至 2014 年年底，仅有中石油、中石化为页岩气铺设了 235 千米的专用管线，其他中标企业暂无作为。页岩气开发具有前期产气量大的特点，配套设施建设不完善会导致油气资源的浪费。另外，页岩气开发使用大规模的水力压裂和水平井分段压裂技术，需要对被开发地层的裂缝情况进行监测，以减少对储层的损伤，提高产气量。我国的地层结构复杂，气藏埋藏较深，地层监测模拟的难度较大，影响了页岩气勘探开发的进度。

2. 气藏特点与资源分布特点对页岩气开采提出了更高的技术要求

我国页岩气藏的典型特点是埋藏深，厚度较薄，多层重叠。页岩气储层的地质条件比美国、加拿大等国更为复杂。大部分页岩气层年代久远，热演化度高，气藏普遍埋藏分布于地下 3 000 米以下，对开采技术要求更高，同时也抬高了现有技术

的成本。

从资源分布来看，我国的页岩气田大多分布在缺水甚至严重缺水地区。西北与华北地区的页岩气储量丰富，但是水资源相对短缺。以中国第二大页岩气储地新疆塔里木盆地为例，塔里木盆地气场超过95%的面积不仅面临极高的基线用水压力或严重的干旱情况，还面临非常严重的地下水短缺和季节波动性的威胁①。已发现的页岩气富集区，仅有四川盆地和江汉盆地处于水资源相对丰裕的地区。页岩气开发多采用水力压裂技术，该技术需要将压裂液（含有砂石和少量化学物质的水）高压注入页岩气井，压裂页岩层后释放页岩气并加以采集。这种方式需要大量的水。根据埃森哲《水资源和页岩气开发》报告，单口页岩气水平井压裂所需要的水量为2万立方米，而我国人均水资源拥有量仅为2 000立方米。如何保证页岩气开采过程具备足够的水源供应，并且确保开采用水不会与当地居民的生产生活用水相冲突，是我国页岩气产业发展的一大难题。水资源的稀缺同时也增加了钻井成本，使得具备钻井潜力的页岩气储地大为减少。目前无水压裂技术已经取得了一些进展，但是成本高于水力压裂，尚不能全面推广。

3. 开采过程环境隐患大，获取民众支持难度大

页岩气开采主要应用的是水平井钻井和水力压裂技术，需要大量耗水，而且开采过程中需要向页岩中注入含有化学试剂的高压裂液。在页岩气开采过程中，一般大部分压裂液会回流到地面先储存，然后再进行处理回收和再利用，在这个过程中压裂液若渗入地下或随雨季到来外溢，则极易造成对当地浅层和地下水质的污染。

此外，页岩气开采过程中产生的油基泥浆和废弃钻屑污染问题也一直没有得到足够重视。目前，含油污泥和开采废水已经成为页岩气开采的两大污染物来源。一方面，页岩气开采需要消耗大量淡水资源，会对当地和区域的水资源可持续利用造成不良影响；另一方面，页岩气开采过程中会产生噪声、废水、废气，甚至会发生开采事故灾害，这些都会导致环境污染。

页岩气开采产生的废水包含碳氢化合物、重金属、盐分及放射性物质等100多种化学物质。若灌注工艺不满足要求或者灌注层选择不当，则可能造成地下水污染。页岩气资源集中的川渝黔等西南地区地质条件复杂，地下暗河溶洞多，地下水污染的预防与控制难度更大。

针对这个问题，我们设计问卷并通过网络调查了292位能源行业的专家，结果

① 王忠民．前途未卜的中国页岩气热潮［EB/OL］．(2015-03-13)［2015-03-13］．http://opinion.caixin.com/2015-03-13/100790956.html.

显示：首先，82.5%的专家认为页岩气开采中水污染的最主要成因是开采所用压裂液可能进入含水层从而污染饮用水。其次，有61.5%的专家认为开采可能导致地下岩层所含放射性物质和重金属进入返排水从而造成水污染。最后，有56.2%的专家认为压裂液和废水在储存和运输过程中污染地表水也可能造成水污染。除了水污染这一风险种类受到专家的广泛关注之外，页岩气开采所导致的地质灾害方面的风险也是专家主要考虑的另一个潜在风险种类。

总体而言，页岩气开采较常规油气存在更多的污染隐患。目前页岩气开发主要集中在四川盆地，该区域人口密度较大，有丰富的生态资源，如果发生相关的污染事件，那么后果会十分严重。

（三）我国页岩气发展的机会

1. 国际环境与国内需求共同推高国内天然气市场需求

目前，国际社会已经达成普遍共识，希望将全球平均温度上升幅度控制在相对于工业化以前的1.5～2摄氏度之间。作为世界上第一大二氧化碳排放国，中国在碳减排方面的承诺与行动关系着全球目标最终能否实现以及实现的速度，因此中国政府在应对气候变化方面的态度备受国际社会的关注，也承受着来自国际社会的巨大压力。2014年11月，中国和美国发布《中美气候变化联合声明》，首次正式提出“中国计划2030年左右二氧化碳排放达到峰值且将努力早日达峰”；2015年12月，中国在第21届联合国气候变化大会做出了相应的正式承诺。为了实现中国对国际社会的庄严承诺，中国必然需要改变经济发展模式与能源使用方式，对能源结构进行重大调整。

过去只追求量而忽视质的经济增长模式，最大的特征是消耗了大量的以煤炭为主体的一次化石燃料，也给中国带来了严重的大气污染。尤其是2012年以来，以悬浮颗粒物为污染特征的区域性复合型大气污染问题日益严峻，给公众的日常生活甚至是生产活动带来了较大的影响，严重制约了经济社会的健康发展。面对巨大的环境压力，中国政府提出寻求绿色低碳循环发展的新方式。2013年9月，国务院发布《大气污染防治行动计划》，将天然气利用提高到了前所未有的高度；2014年，环保部会同有关部门审批确定了配套的22项措施，发布了《大气污染防治行动计划实施情况考核办法（试行）》，全国人大常委会第十二次会议初次审议了《中华人民共和国大气污染防治法（修订草案）》，国家发改委、国家能源局、环境保护部三部委联合发布了《能源行业加强大气污染防治工作方案》。这些举措体现了中国在未来大气污染防治方面的计划更全面、考核更严苛和法律法规更健全的特点，体现了中国的决心。

要实现从高碳向低碳的转型升级，尤其是在新能源和可再生能源取得突破性进展之前，中国最现实的选择之一就是大量使用较为清洁环保的天然气作为过渡性能源。从清洁的角度来说，页岩气是更符合低碳发展需求的燃料。相比于煤炭，页岩气燃烧排放的二氧化碳低50%，氮氧化物少75%，基本不产生二氧化硫、一氧化碳、黑炭、颗粒物和汞排放（冯相昭，2013）。据《页岩气发展规划（2011—2015年）》估算，当页岩气年产量达65亿立方米时，取代煤炭发电可以分别减排1 400万吨二氧化碳、11.5万吨二氧化硫、4.3万吨氮氧化物和5.8万吨烟尘。页岩气对已有能源的替代将有利于减少碳排放量和各种大气污染物排放。在来自国内外的双重压力下，国际社会低碳发展的要求与国内环境保护的内在需求相结合，将会在未来推动我国国内经济发展方式转变与能源结构调整，推高国内天然气的市场需求，从而共同创造页岩气发展的历史性机遇。

目前，中国是仅次于美国和俄罗斯的世界第三大天然气消费国，但是2014年总消费量仅为美国同期的25%、俄罗斯的46%，人均天然气消费量更是处于相对较低的水平。以2015年为例，中国人均天然气消费量为131立方米，天然气占一次能源消费总量的比重为5.9%，与2014年世界人均天然气消费量（467立方米）和OECD国家人均天然气消费量（1 242立方米）相比，差距非常大。因此，中国的天然气市场依然处于发展的早期阶段，哪怕没有应对气候变化和大气污染治理的双重压力，随着社会经济的正常合理发展，国内天然气市场在未来本身就具备很大的增长空间和潜力。

根据《能源发展战略行动计划（2014—2020年）》，到2020年，中国希望将一次能源消费总量控制在48亿吨标准煤左右，但是会将天然气的占比增加到10%，即总的天然气需求量将达到3 200亿～3 700亿立方米。中国能源研究会基于天然气供需分析预测，到2030年天然气需求将增加到4 800亿立方米。面对这么大的天然气需求，中国的天然气供给能否实现自给自足？答案是否定的。根据中国能源研究会的预测，4 800亿立方米的需求最多有2 000亿立方米可以由国产常规气来满足。事实上，中国自2006年首次成为天然气进口国后，国内天然气自给率开始降低，必须用进口LNG和管输天然气来弥补供需缺口。之后，中国天然气对外依存度持续快速上升，到2015年时，中国的天然气进口量已经达610亿立方米，对外依存度为43%。在对外能源依存度居高不下的情况下，随着中国总能源消费量的增长，天然气需求增加，中国必须依靠页岩气等非常规气的开发与应用作为对常规天然气的重要补充，缓解天然气供应的紧张局面。这种补充作用随着时间的推移和经济的发展将会越来越重要。

2. 中央政府和地方政府寄予较高期望，政策扶持力度大

自从美国页岩气革命取得成功之后，中国政府高度重视页岩气资源的勘探开发。2009 年以来，我国陆续开展了页岩气资源潜力评价及有利区带优选工作，2011 年 3 月，《中华人民共和国国民经济和社会发展第十二个五年规划纲要》明确要求“推进煤层气、页岩气等非常规油气资源开发利用”。自此，从中央到地方政府，纷纷推出一系列针对页岩气产业的支持和鼓励政策，对页岩气这种非常规气寄予了很大的期望。这些政策的出台，对于页岩气产业是一种利好。

为了吸引更多资本进入页岩气开发领域，针对我国矿种管理的问题，经国务院批准，国土资源部于 2011 年将页岩气列为中国第 172 种矿种，对其进行一级管理，使得页岩气能够按照独立矿种进行投资管理。2011 年 6 月和 2012 年 9 月，国土资源部先后组织了两轮页岩气区块招标，向资本市场释放“开放市场准入”的激励信号。国土资源部 2012 年 11 月出台了《关于加强页岩气资源勘查开采和监督管理有关工作的通知》。该通知进一步明确，页岩气勘查开采实行“开放市场”的原则，各类投资主体均可参与页岩气勘查开采，为石油企业之外的其他企业开启了参与盘活位于石油天然气区块内页岩气资源开发的大门。

为体现对页岩气勘探开发的高度重视，加快页岩气发展步伐，规范和引导页岩气开发利用，国家发改委、财政部、国土资源部、国家能源局于 2012 年 3 月发布了《页岩气发展规划（2011—2015 年）》，这被业内专家认为是我国页岩气开发大幕正式拉开的标志，对改善我国能源结构、维护国家能源安全意义重大。该规划明确提出了“到 2015 年，基本完成全国页岩气资源潜力调查与评价，掌握页岩气资源潜力与分布，优选一批页岩气远景区和有利目标区，建成一批页岩气勘探开发区，初步实现规模化生产。页岩气勘探开发关键技术攻关取得重大突破，主要设备实现自主化生产，形成一系列国家级页岩气技术标准和规范，建立完善的页岩气产业政策体系”的页岩气发展总体目标和“实现探明页岩气地质储量 6 000 亿立方米，可采储量 2 000 亿立方米，以及 2015 年页岩气产量达到 65 亿立方米，力争 2020 年产量达到 600 亿～1 000 亿立方米”的具体目标。随后，2013 年 10 月，国家能源局发布《页岩气产业政策》，明确将页岩气勘探开发确定为战略性新兴产业。2014 年 4 月，国土资源部出台了《页岩气资源/储量计算与评价技术规范》，为下一步页岩气的实际开发铺平了技术道路，给设计、制造页岩气开发装备的公司再次带来了交易机会，促进了页岩气勘探开发的科学合理发展。

不仅如此，中央加大了对页岩气勘探开发的财政扶持力度，制定了多项财政、

税收减免政策。除上文所提的政策文件和各种规划外，2012年11月，财政部、国家能源局的《关于出台页岩气开发利用补贴政策的通知》规定2012—2015年中央财政对页岩气开采企业给予0.4元/立方米的补贴，同时明确地方财政可以根据当地页岩气的开发利用情况对页岩气开发利用给予适当补贴。2015年4月，财政部、国家能源局再次发布《关于页岩气开发利用财政补贴政策的通知》，明确“十三五”期间，中央财政将继续实施页岩气财政补贴政策。同时，我国在鼓励外商投资、引导产业发展、建设示范区、推进科技攻关、页岩气开发利用减免税等方面做了大量卓有成效的工作，为页岩气勘查开发营造了良好的投资环境。比如，2009年到2014年年底，国土资源部累计投入6.6亿元用于全国页岩气资源潜力评价和重点地区页岩气资源调查工作；国家税务总局2013年《关于油气田企业开发煤层气、页岩气增值税有关问题公告》规定页岩气生产增值税率为17%；在研发支持方面，《页岩气发展规划（2011—2015年）》明确指出将页岩气关键技术列为国家科技重点项目，支持建立页岩气勘探开发示范工程。此外，国家重点基础研究发展计划（973计划）和其他几项重大科技资金扶持计划也为几个大型页岩气研发项目提供了资金支持。

这些政策给地方政府提供了正向激励信号，激发了地方政府发展页岩气产业的热情，其中以四川省和重庆市表现最为积极。四川设立了国家页岩气综合开发改革试验区，成立了专门的页岩气专家咨询委员会，同时将页岩气确定为五大高端成长型产业之一，在《四川省页岩气“十二五”发展规划（2013—2015年）》中定下了“四川力争在2015年页岩气产能建设达到20亿立方米”的具体目标。2016年4月正式发布的《四川省页岩气产业发展2016年度实施计划》明确提出四川省将大力推进页岩气产能建设，在长宁区块、威远区块、昭通区块（四川省境内部分）、井研—犍为区块、威远—荣县区块钻井87口，建成页岩气产能35亿立方米/年。2015年3月重庆市通过《重庆市页岩气产业发展规划（2015—2020年）》，从勘探开发、管道建设、综合利用和装备制造等方面提出了页岩气产业发展的目标。根据这一规划，重庆市到2017年将累计投资878亿元，实现页岩气产能150亿立方米/年，全产业链产值730亿元；到2020年，累计投资1 654亿元，实现页岩气产能300亿立方米/年，全产业链产值1 440亿元。

3. 油气体制改革带来巨大机遇

油气体制改革给页岩气发展带来的机遇主要有以下三个方面：

（1）管网分离，第三方接入或实现，输气管道建设有望提速。

一直以来，管网运输问题都制约着我国页岩气产能的提升。据中石化涪陵页岩气分公司副总经理刘尧文介绍，目前涪陵页岩气田日产量可达 1 200 万立方米，但现在只能压制产能，实际日产量只有不到 900 万立方米。虽然最近将涪陵页岩气田接入川气东送管道的国内首条页岩气外输管道已建成并投入使用，但管道瓶颈制约仍然存在。参考美国经验可以发现，美国页岩气革命的成功与其完备的油气管道建设是分不开的。

目前，美国本土 48 个州管线长度近 50 万千米，其中州际管道 35 万多千米，州内管道 14 万多千米。同时，美国天然气管网设施允许第三方进入，实现了天然气开发和运输的全面分离，对开发商和管道运输商进行不同的政策监管，保证页岩气生产商对管道拥有无歧视准入条件，大大减少了页岩气在开发利用环节的前期投入，降低了市场风险。而我国石油工业起步较晚，根据“十二五”规划，到 2015 年年末我国油气输送管道总长度将达到 15 万千米，远低于美国。另外，我国页岩气资源富集区多集中在中西部山区，管网建设难度大、成本高，不利于页岩气外输利用和下游市场开拓。

管网分离的实现，一方面，能降低第三方企业接入油气管道的成本，提高企业参与页岩气开发的积极性；另一方面，管网分离后，地方政府和企业会有较强的动力参与到油气管道的建设中，加速管网发展，在运输上保证页岩气的产能。

（2）优质资源区块或进一步开放，社会资本进入的积极性将提高。

油气产业链的正常运行和持续发展更大程度上取决于上游不断发现、探明新油气田，并向市场提供稳定且不断增长的供应，因而掌握上游的企业往往拥有更大的发展主动权和更高的利润。我国页岩气开发在初期就实现了面向全社会招标建设，但从招标结果来看，气藏较好的区块均被四大国有石油公司获得（中石油、中石化、中海油、陕西省延长石油公司），地方国企和民营企业参与招标得到的区块资源并不富集，加上勘探、开采成本较大，进展十分缓慢。

油气体制改革开始后，上游优质资源区块可能会向社会资本开放。2015 年 7 月，国土资源部正式启动了对新疆石油天然气勘查区块出让项目的招标，该招标面向社会资本进行而并不仅限于国企，标志着我国油气上游领域改革的破冰。作为最先开放勘探权的页岩气领域，优质资源区块面向社会资本放开的可能性会更高，社会资本将有更强的动力进入页岩气领域，从而提高行业的活跃度。

（3）国有企业混改加速，全行业勘探开发技术将会提高。

长时间以来，我国油气上游的勘探开发都由国企垄断。我国上游企业存在的前提是取得有法律保障（一定时间内的排他性）的矿权。而具有申请这类区块资质的只有中石油、中石化、中海油三大国有公司和一个地方国企陕西省延长石油公司，这就使上游处于行政性垄断中，其他企业，即便是大型国营涉油企业也无资格进入此领域，更遑论民营中小石油企业。长期执行此政策，使得地方国企和民营企业在油气勘探开发领域技术水平落后，无法快速地进入行业中去，不利于行业的发展。

目前我国在页岩气领域已有一套完整的勘探开发技术（主要集中在中石油、中石化、中海油和一些外资油气服务企业中），如果能有更多企业参与进来，则势必能加快相关技术的革新发展。随着新一轮油气改革的进行，大型国企将进行混合所有制改革，民营资本、外资有机会注入国企。资本注入往往伴随着技术交流，从而可以促进技术在行业内快速扩散。在国内外技术的共同推进下，页岩气领域的技术创新可能进一步加快，给行业注入更多活力。同时，这对于目前仍在观望的地方国企、民企是很好的学习机会，溢出效应十分显著。

综合来看，油气改革的进行有利于社会资本进入页岩气领域，可能将从制度、技术层面上解决社会资本进入问题，从长期来看对于页岩气发展是十分有利的。

(四) 威胁我国页岩气发展的因素

1. 相关政策存在风险

(1) 财政激励的不确定性。

为了激励引导页岩气产业发展，中央政府出台了一系列财政支持政策。2012年，《页岩气发展规划（2011—2015年）》明确提出将推进页岩气投资主体多元化，页岩气的出厂价格也将实行市场定价，并参照煤层气财政补贴政策研究制定具体的页岩气财政补贴等支持政策。之后出台的财政激励政策覆盖范围很广，从页岩气生产的增值税到页岩气开发的两类矿业资源费和国内无法自制的设备的进口关税收取问题均有涉及。

由于页岩气开采成本大幅高于常规天然气，因此在一系列的财政激励政策中，最为关键的激励是页岩气补贴。财政部在2012年11月1日出台了页岩气开发利用补贴政策，规定从2012年到2015年，对页岩气开采企业给予0.4元/立方米的中央财政补贴[①]。这项看似力度很大的财政激励政策，由于对可获得补贴的页岩气范围做了严格界定（如，开采中页岩气吸附气含量必须大于20%，夹层单层厚度不能超过1米，气井目的层夹层总厚度不超过气井目的层的20%），因此被企业界认为是“看起来美，但实质上很遥远”，有些专家甚至认为，“这个标准非常严格，如果

① 关于出台页岩气开发利用补贴政策的通知［EB/OL］.（2012-11-05）［2012-11-05］. http://www.gov.cn/zwgk/2012-11/05/content_2257957.htm.

按此执行，企业将很难拿到补贴”。2015 年 4 月 17 日，财政部、国家能源局在《关于页岩气开发利用财政补贴政策的通知》中宣布，“十三五”期间，中央财政继续对页岩气开采企业给予补贴，但是补贴标准将逐步下调，其中，2016—2018 年的补贴标准为 0.3 元/立方米，2019—2020 年补贴标准为 0.2 元/立方米。这份文件还指出，财政部、国家能源局将根据产业发展、技术进步、成本变化等因素适时调整补贴政策，暗示着补贴可能进一步下调。

根据相关报道①，目前只有中石油和中石化申请过补贴，其他参与投标并获取页岩气区块的公司，虽然开发进度有快有慢，但公开数据显示这些公司均未公开申请补贴。2013 年页岩气国家财政补贴资金领取情况如下：四川共计 2 027.81 万元，主要为中石油所得；重庆共计 11 116 万元，中石化和中石油分别获得 5 407 万元和 5 709 万元。我们未能找到最近几年的补贴申请数据，但按目前政策趋势分析，未来其他页岩气开发企业进入实质性生产阶段时，可以获得的补贴额度很可能非常低，甚至将面临“零补贴”的严峻形势。所以，虽然页岩气开采成本不断下降，但由于短期内还不能很好地实现页岩气开采的经济性，这种情况下如果国际油价继续维持低位，再加上页岩气补贴不断减少，那么页岩气将更加难以实现商业开采，这会对调动企业的生产开发积极性以及推动页岩气产业的长远发展造成不利影响。

与此同时，国家对天然气的价格调控政策也将间接影响页岩气的利润空间。2015 年 11 月 18 日，国家发改委宣布下调国内非居民用天然气价格 0.7 元/立方米。中石化油田勘探开发事业部副主任冯建辉随即表示：“目前平均气价是 1.5 元/立方米，加上 0.4 元/立方米的补贴，涪陵页岩气盈亏基本持平。如果形势进一步下滑，则降低成本的压力将会更大。”②

（2）页岩气区块政策的不明朗性。

中国油气行业基本由三大国有石油企业中石油、中石化和中海油垄断。这三大公司拥有中国国土 95%的探矿权。根据国土资源部页岩气资源潜力调查评价，初步优选出的 180 个页岩气有利区块中（总面积 111 万平方千米），将近 77%的有利区块面积、80%的资源潜力处于现有油气区块内，和常规油气储地高度重叠。由于这些重叠区域探矿权已经基本由三大国有企业瓜分，因此这就意味着页岩气行业具有

---

① 张旭东．页岩气补贴标准阶梯式下调，“十三五”末减至目前的一半［EB/OL］．(2015-04-29)[2015-04-29]．http://finance.huanqiu.com/roll/2015—04/6310447.html.

② 侯瑞宁．中石化在全球页岩气“寒冬”中逆势而行［EB/OL］．(2015-12-29)[2015-12-29]．https://www.jiemian.com/article/491035.html.

天然垄断门槛，对页岩气行业感兴趣的新入门企业几乎“无门可入”。中石油、中石化、中海油和延长石油公司之外的大企业，尤其是非石油企业，如何能参与和盘活位于传统石油、天然气区块内的页岩气资源？这个问题是相关投资企业，特别是民营企业最为关心的核心问题，也是中国页岩气产业能否充分利用资本市场、调动企业积极性、最终实现大规模开发的关键问题。

为了提高页岩气行业的竞争度，中国政府一直致力于放宽页岩气市场准入，吸引各类市场主体参与加快页岩气产业化步伐。关键的一系列举措包括：批准页岩气成为一种新的独立矿种；分别于 2011 年和 2012 年进行了两轮页岩气区块招标；在《关于加强页岩气资源勘查开采和监督管理有关工作的通知》中强调页岩气勘查开采的“开放市场”原则，专门针对区块重叠的情况制定政策措施，鼓励开展石油天然气区块内的页岩气勘查开采。国土资源部相关人士表示，该通知中所谓的鼓励措施的内涵如下：第一，鼓励石油公司优先勘查开采其区块内的页岩气；第二，石油公司不勘查开采的，在不影响石油、天然气勘查的前提下，可以向其他投资主体出让页岩气探矿权；第三，石油、天然气勘查投入不足，前景不明朗但具备页岩气资源潜力的区块，依法要求石油公司退出区块，设置页岩气探矿权①。

政府的愿望很美好，但是这些政策的落实与执行却并没有显示出令人乐观的趋势。从两次页岩气区块招投标情况看，参与第一轮招标的 6 家公司都是由国土资源部邀请的国有企业，第二轮招标实现了探矿权资质首次向民资开放，号称是我国矿权出让有史以来门槛最低、最开放的一次。具体来讲，第二轮招标中并没有限制企业的所有制性质，凡是具有石油天然气或气体矿产勘查资质、注册资金在 3 亿元以上的内资企业或独立法人，都可以参与第二轮页岩气探矿权招标。由于第二轮招标区块较多（20 个区块），参与招标的企业多达 83 家，其中民营企业数量占到 1/3，因此第二轮招标备受瞩目。但事实上，这次招标存在两大问题：第一，招标区块避开了与中石油、中石化、中海油所拥有的区块相重叠的部分，拿出来招标的区块资源条件并不好，取得开发成果的难度很大。第二，尽管参与投标的民营企业数量很多，但是最终总计 19 个中标区块中，有 17 个区块被国资的煤业集团以及城市能源投资公司投得，仅有 2 家民营企业分别获得 1 块页岩气区块。

第二轮招标后，国土资源部一直计划开启第三轮页岩气探矿权招标，原定 2013 年年底进行，后推迟到 2014 年年初，到如今一拖再拖，至今依然难产。2014 年中

---

① 页岩气勘查开采实行“开放市场”[EB/OL]. (2012-11-28)[2012-11-28]. http://xjny.ts.cn/content/2012-11/28/content_7493246.htm.

国天然气国际高峰会议上，国土资源部油气资源战略研究中心副总工程师岳来群透露，第三轮招标一拖再拖背后的主因其实还是矿权问题[①]。要拿出具有资源吸引力的区块进行招标，需要中石油、中石化等让出一些区块，相当于“虎口夺食”，同时会涉及产权流转问题，落实难度将会非常大。《关于加强页岩气资源勘查开采和监督管理有关工作的通知》的有效期到 2017 年 10 月终止，接下来的页岩气区块政策将何去何从？在国家进一步明确相关政策之前，相关的企业面对的是一个尚不明朗的未来。

2. 市场投资风险大

（1）天然气价格优势减弱，挤压页岩气利润空间。

自 2014 年下半年至笔者写作时，国际原油价格暴跌。2015 年，所有化石燃料的价格均有下滑，原油价格（以美元计算）出现有记录以来最大的年跌幅，并创下 196 年以来的最大百分比跌幅。2015 年，即期布伦特原油平均价格为每桶 52.39 美元，与 2014 年相比每桶下降了 46.56 美元，是 2004 年以来的最低年平均价格。早在 2015 年年初，石油大亨罗斯-佩罗特之子小佩罗特在参加冬季达沃斯会议期间公开表示：“如果国际原油价格跌破每桶 40 美元，那么美国 20%～30%的页岩产业将被迫关闭。”[②] 据统计，2016 年 1 月 1 日至 2016 年 6 月 30 日申请破产（保护）的北美油气公司（含 Halcon 正在计划的预先打包破产）总计 44 家，其总债务金额为 481 亿美元，已经接近 2015 年全年 177 亿美元的 3 倍，债务的最主要部分为涉及美国页岩油气勘探开发的公司所背负的债务[③]。以原油为代表的化石燃料的价格暴跌对页岩气市场造成了巨大冲击，使得全球页岩气发展进入了一个低谷期。

中国天然气定价一直以来低于市场均衡价格，这为国内市场提供了长期廉价的资源保障，也促进了过去十几年国内天然气需求量的迅速增加。在最新的天然气定价制度改革中，国家发改委于 2013 年 6 月公布了新的天然气定价机制，将天然气价格与油料价格挂钩，并于 2015 年实现了非居民存量气和增量气价格并轨。这些改革举措推高了国内整体的天然气价格水平，原本是页岩气发展的利好，但不幸的是，面对石油、煤炭等替代能源价格大幅下降的挑战，天然气相对的价格优势正在迅速减弱。另外，国内经济发展进入新常态，经济整体呈下行趋势，工业企业利润

① 好区块难落实　第三轮页岩气招标一拖再拖［EB/OL］.（2014-12-04）［2014-12-04］. http://dz.jjckb.cn/www/pages/webpage2009/html/2014-12/04/content_99537.htm? div=-1.

② 侯瑞宁. 中石化在全球页岩气“寒冬”中逆势而行［EB/OL］.（2015-12-29）［2015-12-29］. https://www.jiemian.com/article/491035.html.

③ 见微信公众号“油气投资调查”文章《半年惊天破产 44 家：涉债近 500 亿美金的页岩噩梦》。

大幅下降，不少企业生产经营面临困境。在这种经济环境下，企业对燃料成本的变化更为敏感，这进一步对页岩气的开采造成了不利影响。

（2）受国内环保政策影响大。

在世界经济增长继续放缓的背景下，中国经济也在从高速增长转向中高速增长，增速整体下行，整个能源市场的需求都偏于疲软。根据2016年《BP世界能源统计年鉴》公布的数据，2015年中国能源消费仅增长了1.5%，创下近20年来的最低增幅。在此背景下，结合前面所提到的天然气价格优势变弱的趋势，天然气需求增长的主要推动力量将来自中国政府进行环境保护的决心。各种环保政策能否按计划执行与推进，将会对天然气市场发展产生巨大影响，进而影响页岩气产业的发展。

（3）高投资、高风险，短期内利润无法保障。

中国政府做了包括招标在内的诸多尝试，试图打破国有石油企业的垄断，将竞争引入页岩气开发市场，吸引更多资本注入以推动页岩气产业发展。政府的热情更多地是从能源供给和能源结构调整的角度出发，但是投资人的热情仅仅可能来自赚取利润，页岩气的“高投资、高风险”的产业特征使得不管是国企、民企还是外企，都表现出极大的兴趣，但是做出的实质行动却非常少。

更多的公司进入页岩气勘探及开发中，甚至“新入行”的新公司的加入，理论上有利于油气勘探和开发经验等专业技能的推广和迅速积累，甚至推动技术革新，同时也有利于引入新的资金，有利于早日探明中国页岩气资源储量和加快页岩气开采进度。但是，这些鲜有甚至没有任何油气行业经验的公司短时间内无法在技术革新上做出太大贡献，因此也无法推动页岩气行业开发成本降低，更无法从投资页岩气的行为中获利。事实上，这些新进公司大多持观望态度，并没有在投资上采取太多的行动。在2011年第一轮页岩气招投标中中标的国有煤层气公司河南煤层气开发利用有限公司由于后期投入资金不足（仅实现承诺投入的51%），所投标区块的勘探矿权面积于2014年被核减48.8%，并被国土资源部收取违约金。同期，中石油在第一轮中标区块上仅实现了承诺投入资金的73%，也被处以罚款和核减勘察区块面积[①]。2012年第二轮页岩气招标结果中，16家中标企业都不具备油气勘探和开发经验，截至2015年5月，仅有11家公司开始钻探页岩气井（共计16口），其中仅有8家企业开钻第一口井。在开始钻探的16口页岩气井中仅有3口井完井并探

① 中石油等因违约被核减页岩气探矿权区块面积［EB/OL］.（2014－11－03）［2014－11－03］. http://finance.sina.com.cn/energy/corpnews/20141103/111920715758.shtml.

获页岩气，其余公司甚至还未完成二维地震采集处理。页岩气区块中标企业开发进展不快的原因被归结为[①]：第一，中标区块资源禀赋相对较差；第二，中标非油气企业普遍缺乏油气勘探经验；第三，对外技术合作政策不完善；第四，勘探开发成本过高，资金短缺。

企业，尤其是私营企业的天性是追求其投资能获得合理的回报。但是从目前页岩气行业的发展来看，页岩气资源勘探开发风险大，技术门槛高，前期投入资金大，要实现中短期内盈利十分困难。所以，在进入行业的公司不具备技术优势和行业优势的情况下，结合天然气市场目前的艰难情况和企业所面临的诸多风险，竞标企业不开发，热情不够，甚至进入行业后就卖给其他企业的行为都属于理性投资行为。

3. 现有管网、储运设施建设滞后，市场发展受约束

生产和输送大量的包括页岩气在内的天然气必须依托庞大的基础设施网络。我国天然气管道建设开始于 20 世纪 60 年代中期，过去几十年，国内长输天然气管道和城市燃气管网经历了跨越式发展，使得天然气实现了从西部资源富集区、港口向各个城市的长距离、快速输送，保障了天然气市场的不断发展壮大。但是，我国的输气管网建设水平与消费水平并不匹配。输气管网目前只是初步形成了全国性的主体框架，支线和管网联络线等配气管网远未成熟，甚至不少城市的市级行政区也还无天然气管道。不仅如此，已建管网存在诸多问题，比如互联互通程度低下、大部分由中石油垄断等。

最近十年来，管网建设速度很快，年均增速在 10%以上，大幅提升和扩大了天然气的有效供给量和覆盖区域。截至 2015 年年底，中国城市天然气管网总长度约 47 万千米[②]。但是，以 2014 年天然气管网总长度 43.5 万千米的水平测算，考虑到输气管道的建设水平，中国天然气管网建设水平仅相当于美国 20 世纪 50 年代的水平，远落后于美国如今拥有超过 200 万千米配气管道、50 万千米输气管道的发展水平。不仅管网建设跟不上现有的天然气需求，而且中国的储气调峰设施远远落后于世界平均水平。据统计，截至 2014 年年底，中国已建的储气库（群）才 11 座，调峰能力不到 50 亿立方米，仅为当年天然气消费量的 2%，远低于 11%的世界水平。

基础设施建设滞后会给页岩气开发利用设置难以逾越的技术障碍。如果满足页

---

① 2015 年中国页岩气开发最新进展 [EB/OL]. (2015-05-05)[2015-05-05]. http://www.ocpe.com.cn/show-9241-lists-55.html.

② 前瞻产业研究院. 中国天然气市场（城市燃气）到底还有多大的增长空间? [EB/OL]. (2015-05-05)[2015-05-05]. http://bg.qianzhan.com/report/detail/300/160712-60dee91c.html.

岩气本地用气需求后，通过 LNG 工厂液化等形式对外销售，则可能可以解决页岩气的消纳问题并缓解产地外气源紧张的问题。2015 年 1 月，我国首座页岩气 LNG 液化工厂在宜宾筠连县正式运营，这是四川森泰能源公司与宜宾市筠连县政府在中石油浙江油田的支持下进行的页岩气利用项目。2014 年，筠连地区的页岩气产气量约为 10 万立方米/日，筠连地区本地消纳量为 1.2 万立方米/日，而该厂一期液化产能仅仅为 7 万立方米/日，尚满足不了需求。目前二期的页岩气工程产能为 30 万立方米/日，正在建设中①。宜宾珙县目前也投资了约 13.8 亿元，正在建设两座页岩气液化厂，总产能设计每天 300 万立方米，拟每年就地转化页岩气 10 亿立方米。如果页岩气液化的成本足够低，则这种方式也可以成为未来管道输送和储运基础设施不足时的有力补充。

四、总结

总体而言，中国页岩气发展已经取得了一定的成果，在建设速度、技术创新等方面均有所突破，整个行业已初具规模。但是在政策补贴逐年减少、油价萎靡不振的情况下，页岩气短期难以实现盈利，行业发展受到限制。从国家战略层面考虑，页岩气将会是我国能源结构调整中十分重要的一环，对于保障能源安全、环境污染治理都有重要的意义；但从商业角度来看，页岩气行业目前还不具备商业化价值，不确定因素多，投资风险高。这样一来，页岩气行业距真正的成熟化发展还有很长的路要走，国家政策导向将是页岩气未来发展的关键。

---

① 我国首座页岩气 LNG 液化工厂正式运营［EB/OL］.（2015-01-08）［2015-01-08］. http://www.mlr.gov.cn/xwdt/jrxw/201501/t20150108_1340835.htm.

第四章　中国火电企业发电利用小时数分配影响因素研究

为应对以煤炭为主的能源结构所带来的能效问题和环境问题，我国“十一五”规划提出要推进“节能减排”，并制定了规划期间实现单位GDP能耗降低20%，主要污染物排放总量减少10%的约束性指标。2006年，国家发改委等部门联合下发《关于加快电力工业结构调整促进健康有序发展有关工作的通知》等文件，鼓励高能效、低污染机组多发电，抑制小火电机组的生存空间。但是，我国发电量目前依然主要是计划分配，分配过程中主要考虑的因素是什么，分配计划如何受节能减排政策影响等问题尚未得到学术界和政策制定者的系统研究。本章旨在研究节能减排政策下我国火电企业发电量分配的影响因素，利用企业层面数据，采用计量模型，实证分析发电量分配与企业的能耗水平、污染水平、企业特征之间的关系。本章研究发现：（1）节能减排政策对发电量分配具有影响作用，供电煤耗低和污染排放低的企业可获得更多的发电利用小时数；（2）政府倾向于将更多的发电小时数分配给有国企背景、资产规模较大的发电集团；（3）区域之间发电量分配方式区别明显，东部地区能耗效率和污染物排放水平对发电量分配影响显著，而中西部地区该效应不强。

一、引言

我国在过去三十年实现了年均增长率超过10%的经济增长奇迹。经济增长离不开能源供给，而中国长期以煤炭为主的能源结构对环境造成了严重的负面影响。电力行业是我国煤炭消费的主力。根据历年《中国统计年鉴》数据，我国用于发电的煤炭量占社会总煤炭消费量的50%以上，2013年发电用煤所占比重虽较同期略有下降，但仍维持在46%左右。因此，我国的电力行业一直是二氧化硫、氮氧化物等空气污染物的重要排放源。根据历年《中国环境统计年报》数据，我国火电行业二氧化硫排放量在全国工业二氧化硫排放量中的占比长期维持在40%以上。近些年，在政府大力鼓励节能减排，严格限制电力污染排放的政策下，火电行业污染物排放情况有所改善，但2013年火电行业二氧化硫排放量占比仍高达35%，环境形势依然严峻。

火电行业的高能耗高污染状况，与我国电力行业过去长期实行的“单一安全发供电”计划分配机制有关。该分配机制实施“发电配额制度”，以计划行政方式平均分配发电利用小时数。与大多数国家遵循效率原则的市场机制相比，该分配机制不能给予高能效或低污染发电企业更多的发电利用小时数，因而同样的发电量会消耗更多的能源并产生更多的污染。2002年我国进行了第一次电力体制改革，打破了发、输、配、供一体化结构，为发电领域竞价上网扫除了体制障碍。但改革后的发电企业仍由中央国有企业和地方国有企业绝对控股，电力调度计划仍由各省级地方政府自主制定（朱成章，2014），发电量计划分配机制并未发生实质改变。

在严峻的环境形势下，我国“十一五”规划提出了节能减排约束性指标。国家发改委等部门于2006年和2007年联合下发《关于加快电力工业结构调整促进健康有序发展有关工作的通知》《节能发电调度办法（试行）》等文件，鼓励高能效、低污染机组多发电，抑制小火电机组的生存空间。节能减排政策有利于提高能源使用效率、降低污染排放。但是，我国发电量分配的本质仍是计划分配，节能减排政策靠行政力量推动，其政策效果不可预知。因此，本章基于2013—2014年中国统调口径的火电企业数据，分析能耗效率、污染物排放绩效、所属集团、企业规模等因素对发电小时数分配的影响。

国外关于中国发电市场的研究主要集中在2002年的电力体制改革绩效（Hang，Joahannes，2014；Zhao，Ma，2013），少数关于电力行业节能减排的研究以案例探讨为主（Fredrich，Williams，Hu，2013；Zhong et al.，2015）。国内相关文献大多集中于机制设计和政策探讨（尚金成和张立庆，2007；梁志飞和叶骏，2014），对政策实际实施情况或者实施效果的实证研究在本章的文献梳理工作中尚未发现。因此，本章的实证研究可丰富现有文献，填补国内外文献在该方面的空白。另外，本章的研究结论还可为我国电力行业节能减排工作提供思路，为我国电力部门市场化改革，尤其是发电部门改革的政策制定提供数据支持和科学依据。

本章拟从以下五个方面展开研究：（1）梳理我国发电量分配机制演变情况；（2）综述国内外相关文献；（3）对样本数据进行描述统计；（4）运用计量模型，实证分析我国火电企业发电量分配的影响因素；（5）归纳结论，提出政策建议。

二、中国发电量分配机制演变

我国发电量分配过程主要涉及四个主体——国家发改委、省级经信委、电网公司以及发电企业，其中政府部门起主导作用。具体分配流程如下：首先，基于上一年当地电力供需情况和电网公司的预测，由各省级经信委制定该年度全省（区、市）电力电量平衡方案，并上报给国家发改委审批。然后，电网公司将年度指标分解为月、日指标，再上报给国家发改委和其他政府部门审批。接下来，根据发电企业设备容量预测，由电网公司制订具体发电量分配计划。如果需要根据实际情况对计划进行改动，则由电网公司调整，并上报省级经信委审批。最后，发电企业根据分配计划发电。

我国电力行业传统模式是发、输、配、供一体化的独家垄断，实施发电利用小时数“一刀切”的“发电配额制度”，即同一地区各发电企业，无论效率高低，都分配相同的发电利用小时数。2002 年，国务院发布《关于印发电力体制改革方案的通知》（国发〔2002〕5 号）（简称国发“5 号文”），决定实施“厂网分开，竞价上网”，并于 2003 年在东北、华东以及南方开展“竞价上网”试点，但试点很快因全国大规模电量短缺问题被停止，因此改革后政府依然掌握着发电量分配权。

2006 年、2007 年，国家发改委等部门联合下发《关于加快电力工业结构调整促进健康有序发展有关工作的通知》《节能发电调度办法（试行）》等文件，要求节能发电调度试点地区逐步调整发电调度规则，实现节能、环保、经济的电力调度，优先安排低能耗机组发电，将更多的发电利用小时数分配至低能耗、低污染机组；对于非试点地区，要求全面推行差别电量计划，实施“上大压小”，鼓励高效机组多发电，抑制小火电机组的生存空间。2008 年，国家电力监管委员会出台了《发电权交易监管暂行办法》，鼓励通过以大代小等方式转让发电权电量，促进高效机组替代低效机组。但是，这些政策之后，我国发电量分配情况到底如何，目前还没有系统性的研究。

三、文献综述

国外研究者于近年开始关注我国电力体制改革和节能减排等政策对电力行业效率的影响。Zhao 和 Ma（2013）基于 1997—2010 年企业数据研究发现，2002 年的电力体制改革、节能减排政策、技术改进都影响了电力行业效率。Fredrich，Williams 和 Hu（2013）基于广西电网公司 2005—2010 年数据研究发现，广西地区的节能调度只节约了 2%～4%的煤炭资源，可能的原因是在研究时间段内该地区火电机组以大中型机组为主，供电标准煤耗水平较低，因此政策效果不明显。Zhong 等（2015）提出了年度发电计划、月度发电计划、日前发电计划和实时发电计划四种模式，并根据广东电网公司实际运行数据设立仿真平台检验了这四种发电分配模式的节能效果，结果显示计划发电分配也可节约煤炭资源、提升发电企业资源使用效率。

国内关于电力行业节能减排的研究大多以机制设计和政策探讨为主。尚金成和张立庆（2007）对中国差别电量计划、发电权交易、市场补偿机制等进行了深入研究，认为提高高效、环保、节能发电机组的市场份额可以实现市场配置和节能减排的双重目标。柳瑞禹等（2010）提出，节能减排下的电量替换挤压了小火电厂的生存空间，因此需要对小火电厂进行淘汰过渡，需通过行政和市场两个方面构建模型设计合理的经济补偿机制。梁志飞和叶骏（2014）通过建立实时能耗增量最小化线性优化模型，利用 2012 年省级数据估算了全年累计效益。

综上所述，国外相关文献主要对“节能发电调度”试点地区进行了案例研究，忽略了非试点地区节能减排工作效果；而国内相关文献对政策实施情况缺乏实证研究。本章利用 2013—2014 年企业层面数据对火电企业发电量分配影响因素进行实证研究，可丰富国内外文献，填补实证研究在这方面的不足。

四、数据统计

本章数据整理自电力监管统计资料汇编，以 2013—2014 年中国统调口径的火电企业为基本研究单元。统调发电企业是指由省级及以上电网企业的调度机构直接调度的电厂，其中省级及以上电网企业指国家电网公司及其下属的 5 大区域电网公司和 27 家省级电网企业、中国南方电网有限责任公司及其下属的 7 家省级电网公司、内蒙古电力集团公司和陕西地方电力集团公司。本章原样本共 744 个观测值，其中包括 21 家自备电厂[①]。由于自备电厂发电量以自用为主，发电行为不同于公用电厂，因此本章剔除自备电厂，仅保留 723 家公用电厂样本。

本章被解释变量为火电企业发电利用小时数，解释变量包括发电标准煤耗、二氧化硫排放绩效和氮氧化物排放绩效、企业所属集团、资产总数和从业人数以及其他控制变量。主要变量的描述性统计见表 4-1。

① 自备电厂是指部分火电企业设立的仅供企业内部发电使用的电厂类型。

表 4-1　　主要变量的统计描述

变量	观测值	平均值	标准差	最小值	最大值
发电利用小时数（小时）	723	4 392.4	1 131.7	222.64	7 447.6
能耗水平					
供电标准煤耗（克/千瓦时）	723	329.33	30.15	234.48	509.68
污染水平					
二氧化硫排放绩效（克/千瓦时）	723	0.635 7	0.742 7	0.01	6.33
氮氧化物排放绩效（克/千瓦时）	723	1.205 4	1.109 4	0.02	7.66
企业规模					
期末资产总数（万元）	723	32.01	26.11	0.000 7	157.41
期末从业人数（千人）	723	0.635	0.484	0.03	2.889

（一）发电利用小时数

发电利用小时数样本平均值为 4 392.4 小时，最小值为 222.64 小时，最大值为 7 447.6 小时。从样本分布情况来看，发电利用小时数总体呈正态分布，超过 90% 的样本位于 2 000～6 000 小时之间。

（二）能耗水平

供电标准煤耗样本平均值为 329.33 克/千瓦时，低于 2010 年的 333 克/千瓦时，但是相比“十二五”规划节能目标①仍有一定差距。根据供电标准煤耗将样本分为五组，分组统计（详见表 4-2）显示，供电标准煤耗低的组具有更多的平均发电利用小时数，体现了发电量向高能效发电企业倾斜的分配方式。

表 4-2　　按供电标准煤耗分组的发电利用小时数

按煤耗分组		描述性统计		
分位点	供电标准煤耗（克/千瓦时）	样本量	平均发电利用小时数（小时）	中位发电利用小时数（小时）
最低 20%	小于等于 308.21	145	4 718	4 860
20%	(308.21，320.62]	145	4 553	4 687
20%	(320.62，329.99]	144	4 390	4 658
20%	(329.99，342.79]	144	4 237	4 389
最高 20%	大于 342.79	145	4 063	4 241

① 2012 年，国务院出台了《节能减排“十二五”规划》，提出到 2015 年形成节能能力 3.4 亿吨标准煤，将火电供电标准煤耗从 2010 年的 333 克/千瓦时下降至 325 克/千瓦时。

(三) 污染水平

二氧化硫排放绩效样本均值约为0.64克/千瓦时，氮氧化物排放绩效样本均值约为1.21克/千瓦时。根据污染物排放绩效指标将样本分为五组，分组统计（详见表4-3）显示，从大趋势来看，污染物排放绩效越低的组，其平均利用发电小时数越多，体现了发电量向低污染发电企业倾斜的分配方式。

表4-3　按污染物排放绩效分组的发电利用小时数

分位点		排放绩效（克/千瓦时）	描述性统计		
			样本量	平均发电利用小时数（小时）	中位发电利用小时数（小时）
二氧化硫	最低20%	小于等于0.22	148	4 628	4 794
	20%	(0.22，0.37]	148	4 701	4 858
	20%	(0.37，0.52]	148	4 477	4 718
	20%	(0.52，0.8]	139	4 187	4 382
	最高20%	大于0.8	140	3 928	4 132
氮氧化物	最低20%	小于等于0.33	146	4 580	4 667
	20%	(0.33，0.63]	146	4 497	4 720
	20%	(0.63，1.14]	145	4 694	4 860
	20%	(1.14，2]	142	4 263	4 469
	最高20%	大于2	144	3 920	4 083

(四) 企业所属集团

2002年，电网公司发电业务拆分为五大发电集团，分别是华能、大唐、华电、国电和中电投，它们被业界称为电力行业的“五大集团”，其2006年发电量占全社会发电量的70%左右。此外，神华、华润、国投和新力四家发电集团迅速发展，被业界称为“四小豪门”。这使得我国发电企业形成了“五大集团”、“四小豪门”和“其他发电企业”三大梯队。我们的样本中，“五大集团”共有436个发电企业，占比超过60%，“四小豪门”有81个发电企业，“其他发电企业”共有206个发电企业。与其他发电企业相比，“五大集团”获得了较多的发电利用小时数，其平均能效最高，但污染水平也最高；“四小豪门”拥有最高的发电利用小时数，其能效略低于“五大集团”，远高于“其他发电企业”，其污染排放水平最低（详见表4-4）。

表 4-4　　不同集团发电企业情况

集团类别	样本量	供电标准煤耗均值（克/千瓦时）	二氧化硫排放绩效均值（克/千瓦时）	氮氧化物排放绩效均值（克/千瓦时）	平均发电利用小时数（小时）
“五大集团”	436	322.49	0.68	1.27	4 360
“四小豪门”	81	328.87	0.32	0.80	4 877
“其他发电企业”	206	343.99	0.66	1.24	4 271

（五）企业规模

根据资产总数和从业人数排序，本章将样本等量划分为小型企业、中型企业和大型企业。其中，按资产总数划分的大型企业能效相对更高、污染相对较低，分配的发电利用小时数较多，按从业人数划分的不同规模的发电企业发电量分配则相对平均（详见表 4-5）。

表 4-5　　不同规模发电企业情况

企业规模		样本量	供电标准煤耗均值（克/千瓦时）	二氧化硫排放绩效均值（克/千瓦时）	氮氧化物排放绩效均值（克/千瓦时）	平均发电利用小时数（小时）
按资产总数划分	小型企业	241	348.43	0.96	1.71	4 103
	中型企业	241	323.09	0.47	1.00	4 452
	大型企业	241	316.48	0.48	0.90	4 622
按从业人数划分	小型企业	241	336.77	0.62	1.11	4 436
	中型企业	241	325.25	0.64	1.20	4 389
	大型企业	241	325.98	0.65	1.31	4 352
全部集团		723	329.33	0.64	1.21	4 392

（六）企业所在区域

2006 年，国家环保总局颁布《二氧化硫总量分配指导意见》，针对不同机组和不同地区提出了差异性排放绩效指标，其中东部地区要求最为严格，东部单机容量 30 万千瓦以上的新建机组要求排放绩效低至 0.7 克/千瓦时。在该指导意见要求下，2014 年，东部基本实现高煤耗、高污染机组退役，二氧化硫排放绩效均值仅为 0.5 克/千瓦时。中西部地区二氧化硫排放情况虽然也有明显改善，但和东部地区仍有较大差距。因此，本章按照“七五”规划将样本分为东部、中部和西部，进行分组统计。如表 4-6 所示，样本中东部地区包括 308 家企业，中部地区包括 260 家，西部地区有 155 家；东部地区企业平均污染水平较低，能效较高，平均发电利用小时数也更高。

表 4-6　　不同地区发电企业情况

地区	样本量	供电标准煤耗均值（克/千瓦时）	二氧化硫排放绩效均值（克/千瓦时）	氮氧化物排放绩效均值（克/千瓦时）	平均发电利用小时数（小时）
东部地区	308	324.04	0.49	1.02	4 672
中部地区	260	326.53	0.65	1.33	4 130
西部地区	155	344.54	0.90	1.35	4 278
全部地区	723	329.33	0.64	1.21	4 392

（七）电厂调度属性

2002年，国家电力公司输配业务被拆分为两大电网公司：南方电网公司和国家电网公司，其中南方电网负责广东、广西、云南、贵州和海南，国家电网公司负责其他26个省（区、市）。国家电网公司下设华北、东北、华东、华中和西北5个区域电网公司。国家电网公司主要负责各区域电网之间的电力交易、调度，区域电网公司负责经营管理电网，保证供电安全和管理电力调度。除区域电网公司外，区域内下设各省级电力公司，对发电企业进行直接调度。基于电厂调度机构分类，可将样本中发电企业分为国网直调、南网直调、华北直调、东北直调、西北直调、华东直调、华中直调、省级公司统一调度。样本中，绝大部分发电企业由省级公司统一调度。

五、实证分析

（一）计量模型

本章采用的计量模型为省级固定效应和年份固定效应回归模型，具体模型如下：

$$\begin{aligned}\ln PHour_{ij} = {} & \beta_0 + \beta_1 \ln Capacity_{ij} + \beta_2 Energy_{ij} + \beta_3 Pollutants_{ij} + \beta_4 Group_{ij} \\ & + \beta_5 Size_{ij} + \beta_6 Dispatch_{ij} + \beta_7 Prov_{ij} + \beta_8 Year_i\end{aligned}$$

其中，$PHour_{ij}$ 为发电企业 j 在年份 i 的发电利用小时数，$Capacity_{ij}$ 为发电企业平均设备容量，$Energy_{ij}$ 为供电标准煤耗，$Pollutants_{ij}$ 为污染物排放绩效，包括二氧化硫和氮氧化物排放绩效，$Group_{ij}$ 为发电企业所属集团虚拟变量，$Size_{ij}$ 为发电企业规模，包括企业资产总数和从业人数，$Dispatch_{ij}$ 为电厂调度属性虚拟变量，$Prov_{ij}$ 为省级固定效应；$Year_i$ 为年份固定效应。

（二）假设检验

电力行业自2007年起开始采取节能减排措施，包括年度差别发电量、节能发电调度、发电权交易等。因此，本章提出假设一：为实现节能减排，政府在分配发电量时倾向于将更多的发电利用小时数分配给高能效、低污染的发电企业。

大量研究发现，国有企业和政府关系紧密。因此，即使在多家企业竞争的情况下，国有产权比例过重仍然会影响市场竞争作用的发挥（Khanna，Mundra，Ullah，1999；Hiebert，2002；Fabrizio，Rose，Wolfram，2007）。因此本章提出假设二：政府分配发电量时倾向于将更多的发电利用小时数分配给国有背景的发电集团。

另外有研究表明，企业规模影响资源分配，地方政府出于地方利益考虑在分配资源时倾向于向当地大型企业倾斜（白重恩和杜颖娟等，2004；王文甫和明娟等，2014）。目前，我国各地发电量分配计划和调整仍由各地省级政府制定，因此本章提出假设三：各地省级政府分配发电量时倾向于将更多的发电利用小时数分配给当地大型企业。

（三）回归结果

回归结果如表4-7所示。四列回归均包括集团属性、电厂调度属性、省级和年份虚拟变量。列（2）在列（1）的基础上增加了污染排放绩效变量。列（3）和列（4）重复了列（1）和列（2），但去掉了平均设备容量变量，代之以资产总数。

1. 节能减排

根据回归结果（1），供电标准煤耗系数为－0.001 53，表明当供电标准煤耗下降1个单位时，发电利用小时数提高接近0.15%，这意味着发电量分配向高能效发电企业倾斜。回归结果（2）加入了二氧化硫排放绩效和氮氧化物排放绩效指标，污染物排放绩效指标系数显著为负，且模型解释力从0.205提升到了0.230。根据回归结果（2），二氧化硫排放绩效系数为－0.073 8，氮氧化物排放绩效系数为－0.034 4，表明二氧化硫排放绩效下降1个单位，上网电量提高接近7.4%；氮氧化物排放绩效下降1个单位，上网电量提高近3.4%：这意味着发电量分配向低污染发电企业倾斜。对比回归结果（1）和（2）可以发现，加入污染物排放指标后，能效指标仍显著为负，绝对值稳定。

2. 集团属性

“五大集团”“四小豪门”的企业系数绝大部分为正，且在统计学意义和经济学意义上都显著，这表明具有同样煤耗、污染水平、企业规模的“五大集团”“四小豪门”的发电企业，比其他发电企业获得了更多的发电小时数，该回归结果与假设二一致。

表 4-7　　回归结果

项目	(1) 发电利用小时数	(2) 发电利用小时数	(3) 发电利用小时数	(4) 发电利用小时数
平均设备容量	0.036 9**	−0.005 91		
供电标准煤耗	−0.001 53**	−0.001 39**	−0.001 74***	−0.000 965*
二氧化硫排放绩效		−0.073 8***		−0.072 6***
氮氧化物排放绩效		−0.034 4***		−0.030 4***
华能	0.095 5**	0.099 7**	0.103**	0.098 2**
大唐	−0.019 2	−0.010 9	−0.012 3	−0.007 23
华电	0.022 2	0.053 5***	0.032 3**	0.059 1***
国电	0.012 9	0.013 2	0.025 7	0.020 8
中电投	0.062 1***	0.070 9***	0.067 7***	0.080 3***
神华	0.165***	0.139***	0.165***	0.134***
华润	0.151***	0.151***	0.165***	0.161***
国投	0.017 1	−0.019 0	0.038 1	−0.012 9
新力	−0.078 3***	−0.064 2***	−0.027 9***	−0.051 7***
资产总数			0.001 28**	0.000 864*
从业人数	−0.020 5*	0.002 45	−0.013 4	−0.005 32
常数	8.446***	8.611***	8.613***	8.465***
电厂调度	是	是	是	是
省级	是	是	是	是
年份	是	是	是	是
样本量	723	723	723	723
R^2	0.205	0.230	0.206	0.232

注：标准差为电厂调度类型聚类稳健标准差。显著水平为：*** $p<0.01$，** $p<0.05$，* $p<0.1$。

3. 企业规模

由于平均设备容量和资产总数高度相关，因此本章分别对平均设备容量和资产总数进行回归。回归结果（1）（3）和（2）（4）的对比显示，无论是采取平均设备容量还是资产总数对其他变量结果都不会造成显著影响。回归结果显示，资产总数对发电利用小时数分配具有显著影响，资产总数越高，发电利用小时数越多，这表明地方政府在分配发电利用小时数时确实会向当地大型企业倾斜，与假设三一致。从业人数的系数并不显著，可能的原因包括政府干预存在资本密集偏向而较少考虑就业影响（陆铭和欧海军，2011）；样本中发电企业从业人数基数较小，对所在地区的就业率影响弱，因此地方政府在分配发电量时更多地考虑资本效应而非就业效应。

4. 地区差异

为探索不同地区之间节能减排政策对发电量分配的影响，本章对东部地区和中西部地区分别进行回归，回归结果详见表 4-8。比较回归结果（7）和（8）可以发现，东部地区供电标准煤耗、二氧化硫排放绩效、氮氧化物排放绩效系数均显著为负，且绝对值明显高于全国水平，而中西部地区供电标准煤耗、二氧化硫排放绩效系数均不显著，氮氧化物排放绩效系数绝对值低于全国平均水平。

表 4-8　　按区域分组回归结果

项目	（7）东部地区	（8）中西部地区
平均设备容量	−0.067 4***	−0.022 7
供电标准煤耗	−0.004 15***	−0.001 17
二氧化硫排放绩效	−0.292***	−0.005 60
氮氧化物排放绩效	−0.033 5***	−0.021 4***
华能	0.159***	0.006 63
大唐	−0.255***	0.047 2
华电	0.156***	−0.022 4
国电	−0.087 2***	0.052 8**
中电投	0.029 3**	0.046 1
神华	0.144**	0.082 8***
华润	0.103***	0.168***
国投	−0.152***	−0.029 3
新力	−0.071 1***	
从业人数	0.044 1***	−0.031 8
常数	9.534***	8.794***
电厂调度	是	是
省级	是	是
年份	是	是
样本量	308	415
R^2	0.317	0.296

注：标准差为电厂调度类型聚类稳健标准差。显著水平为：*** $p<0.01$，** $p<0.05$，* $p<0.1$。

六、结论与建议

电力行业作为我国煤炭消费主力，其能耗和污染物排放体量巨大。我国过去长期以计划行政方式平均分配发电利用小时数，实施“发电配额制度”。与大多数国家采取的市场分配方式相比，这样的行政分配方式很可能是低效的，不仅会增加发电的经济成本，而且会消耗更多的能源并产生更多的污染。2002 年电力体制改革虽然提出了“竞价上网”，但是试点工作很快停止，至今发电量分配仍由政府部门掌握。在节能减排目标下，我国发电量分配逐渐摆脱了传统平均分配的“一刀切”模式，政府开始有意识地将更多电力资源向高能效、低污染的机组倾斜。

本章以 2013—2014 年中国统调口径的火电企业为基本研究单元，利用企业层面数据分析能耗效率、污染物排放绩效、所属集团、企业规模等因素对火电企业发电量分配的影响。研究发现：（1）节能减排政策对发电量分配起到了影响作用。（2）集团效应影响发电量分配。在能效和污染物排放水平等条件相同时，政府倾向于将更多发电利用小时数分配给“五大集团”和“四小豪门”。（3）资产总数对发电量分配影响显著。地方政府可能出于降低监管成本、追求 GDP 和税收最大化等原因，分配发电量时倾向于向当地资产规模较大的发电企业倾斜。（4）地区差异明显。东部地区能耗效率和污染物排放水平效应显著，但是中西部地区效应不强。

基于上述研究结果，本章提出以下两条政策建议：（1）全面贯彻落实节能减排政策，尤其是该政策在中西部地区的落实。（2）以市场机制逐渐替代计划行政方式。计划分配由于存在分配规则不透明、信息不公平等问题，难以实现资源的有效配置。从进一步深化电力改革的路径看，竞价上网是未来改革的重点，只有从电力市场化改革入手，以市场价格传导信号配置资源，取代以计划为主的电力分配模式，才能真正实现资源的有效配置。

第五章　中国高耗能行业发展与能源消费

伴随经济总量的快速增长，中国能源消费量也在不断攀升。早期能源需求预测普遍低估了中国实际的能源需求。本章试图弥补以往基于经济总量变动趋势进行能源需求预测的不足，提出了理解中国的能源消费，总量重要，结构更重要的判断。本章研究发现经济总量对能源需求的直接影响程度为 56%，另外 44%的影响是通过高耗能行业——尤其是电力、水泥和钢铁行业——的发展引致的。通过对能源需求进行粗略的估计，本章发现在不考虑产业结构优化的情况下，中国能源需求会被高估12%～37%。根据上述结果，本章认为控制产业内部的高耗能行业发展才是抑制能源需求扩张的关键。

一、引言

过去三十多年，伴随经济总量的快速增长，中国能源消费量也在不断攀升。能源供需状况直接关系到一国经济发展，而能源需求预测是对未来年份能源供需形势做出分析的基本前提，也是制定未来能源规划战略和国民经济计划的重要依据。能源需求预测的准确性既关系到未来能源投资的方向和规模，也关系到能源结构的改善和经济的正常有序发展。因此，对能源需求进行准确预测十分必要。然而，早年的研究几乎都显著低估了中国实际的能源需求。

国内外众多权威机构和学者都对中国未来能源需求进行了预测。而 20 世纪 90 年代后期到 2003 年的研究几乎都显著低估了中国实际的能源需求。这些研究对中国 2010 年的预测基本处于 19.83 亿吨标准煤到 23.57 亿吨标准煤之间，相较于实际的 32.5 亿吨标煤，低估了 27.5%～39%，如图 5-1 所示。

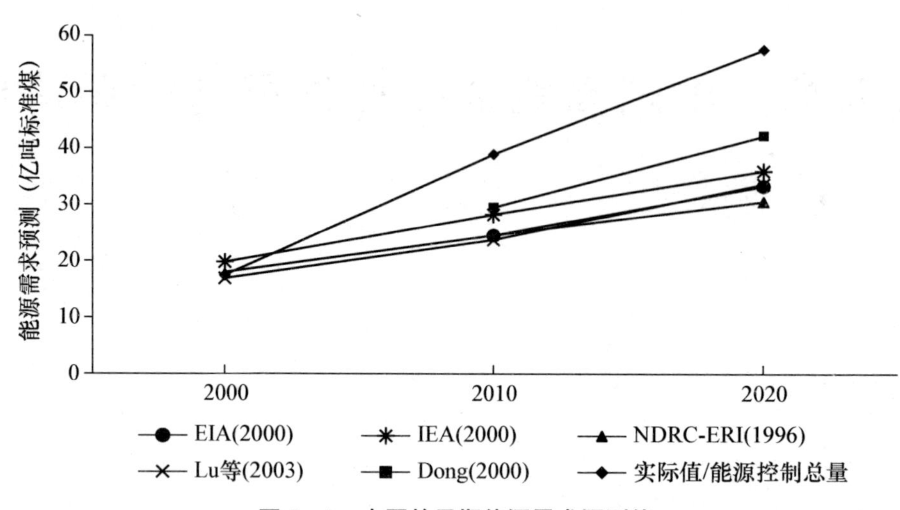

图 5-1　中国的早期能源需求预测值

资料来源：作者根据相关资料整理。

早期能源需求预测方法的核心思想主要在于通过考察经济总量的变化规律来揭示能源消费变动规律，仅强调经济增长总量对能源需求的影响，并假定经济和社会环境会遵循特定规律变动。但从中国的情况看，经济增长与能源消费之间并不存在这种必然的联系。历年中国能源消费弹性系数如图 5-2 所示。1978—2001 年间，中国能源消费弹性除 1989 年略超过 1 外，其余年份普遍远低于 1，平均能源消费弹性为 0.47。而 2002—2013 年，平均能源消费弹性增至 0.8，尤其是 2002—2005 年间，平均能源消费弹性更是急剧攀升至 1.5 以上。因此，中国能源消费波动十分明显且并未与经济增长呈现共同的变化趋势。

能源消费与经济总量间的这种波动关系主要是由以下几点决定的：首先，中国能源价格在很长一段时间内受行政力量管制，较其他国家偏低。但随着能源价格改革的逐步深入，全成本定价必然会抬高能源价格，进而对部分行业造成冲击，迫使企业对技术进行优化升级和提高能源使用效率。从这个角度来说，能源的商品属性能够在保持经济持续发展的同时降低能源需求，也就说明经济总量增长并不必然带来能源需求的增长。其次，少数省份能源需求已出现拐点，仅仅依靠经济增长的预测方法并不适用。最后，随着经济发展模式的转变与产业结构的不断调整优化，加之以创新驱动增长获得重视，中国进入经济新常态，低附加值的高耗能行业将逐渐被高附加值的服务业与制造业所替代。产业结构的相对变化将会导致中国在未来出现能源增长与经济增长的脱钩，两者增长并不存在必然的趋同性。

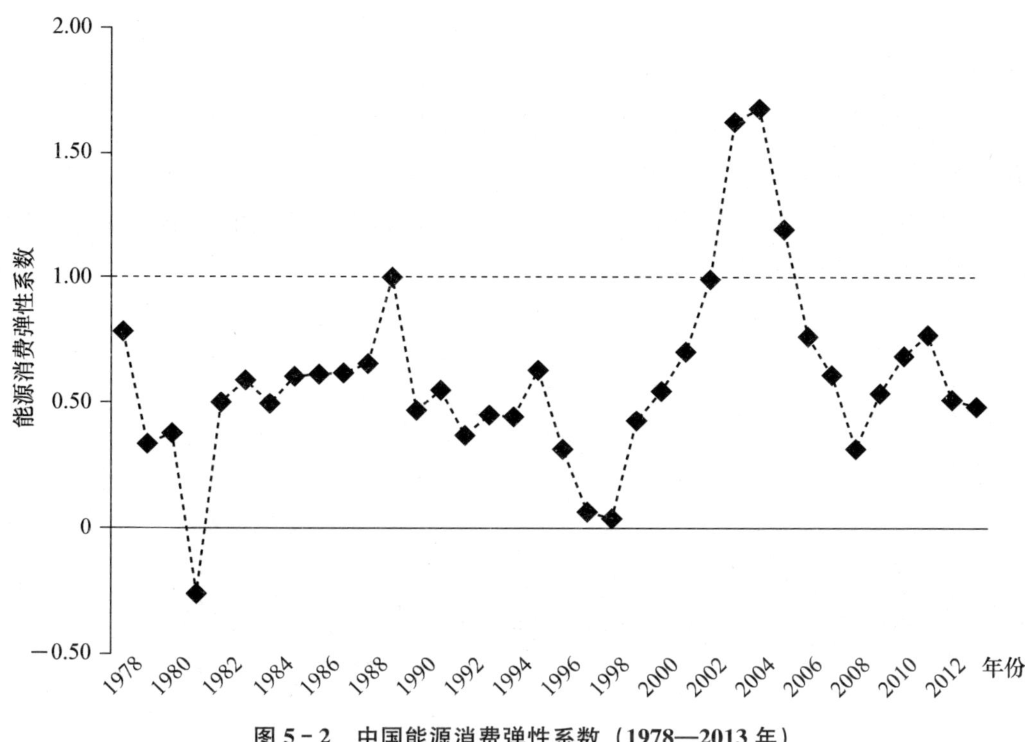

图 5-2　中国能源消费弹性系数（1978—2013 年）

资料来源：《中国能源统计年鉴 2014》。

大量研究已表明经济结构调整对能源消费具有显著影响（Reitler et al.，1987；Sun，1998；Lewis et al.，2003；Shäfer，2005）。产业的不同性质会导致其对能源消费需求存在差异（Mukherjee，2008；Mi et al.，2014），不同产业在能源使用方式以及能源利用率方面也存在很大的不同。但部分学者提出对于中国的能源消费变化来说，从传统的三大产业结构划分的角度来考察还远远不足，工业部门内部产业结构的变动对能源消费的影响更为明显（Kambara，1992；Hofman and Labar，2007）。众多研究认为重工业尤其是高耗能产业的扩张是造成中国能源消费急剧攀升的重要因素（Liao，2007；Chai et al.，2009；Rosen and Houser，2007；Kahrl et al.，2009，2013）。因此，讨论产业内部结构尤其是高耗能行业发展对能源需求预测的影响十分必要。

近几年，中国多次出现局部地区时段性电荒事件，各项数据均显示问题出现在高耗能产业上。图 5-3 展示的是 2003 年 1 月—2013 年 12 月中国发电量①与粗钢产量当月同比增速。从图 5-3 中可以看出，高耗能行业与能源消费的关系在变化趋

① 由于数据可得性问题，此处全社会用电量以发电量代替，但由于电能存在不可储存性，因此两者差异较小。

势上存在一定的趋同性。除春节期间外，粗钢产量增长率与电力消费增长率的变化趋势存在较大差异外，其他时点大致呈现同步变化趋势。而且由于钢铁企业在春节期间为歇业状态，并且春节期间中国生活用电量较高，故这一时段的差异可以不予考虑。可见，尽管电力需求的周期性波动非常显著，但可以发现其变动与钢铁产业这一头号用能大户的发展情况紧密相关。可以说，高耗能行业的用能需求是导致中国能耗居高不下的重要原因。

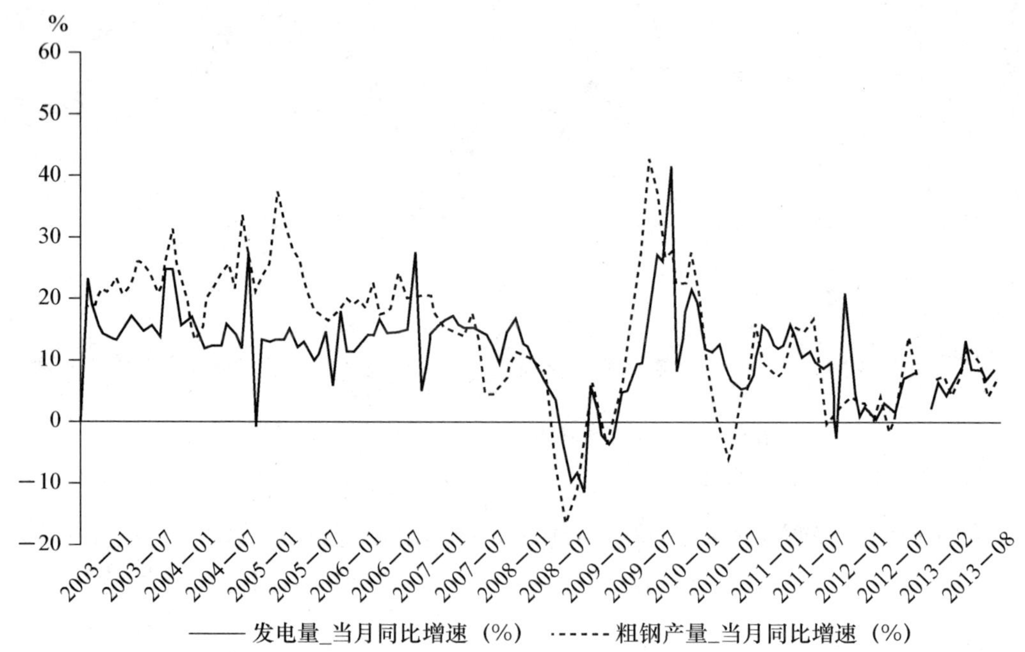

图 5－3　中国发电量与粗钢产量当月同比增速（2003 年 1 月—2013 年 12 月）

资料来源：中经网统计数据。

综上所述，本章认为通过考察经济增长与能源消费两者的关系进行预测的方法并不适用于中国，了解经济结构的变动趋势对正确认识中国能源消费具有重要价值，并且提出了理解中国的能源消费，总量重要，结构更重要的判断。本章将对中国高耗能行业发展现状进行分析，在考察经济增长对高耗能行业的影响的基础上，定量分析经济增长通过高耗能行业对能源需求产生影响的程度。最后，对中国 2020 年能源需求进行一个粗略的预测，旨在说明对中国未来能源需求的预测不能忽视产业结构的变化，若仅从经济总量的角度考察必将在很大程度上高估中国未来的能源需求。

二、文献综述

经济增长与能源需求两者间的关系已被讨论了数十载，然而学界对两者的关系仍未得出一致的结论。而在之后的研究中，多数研究开始将产业结构作为能源需求的影响因素之一进行了讨论。国内也有众多学者对该问题进行了讨论，但尚未形成完整的体系，对经济结构和能源需求两者关系的研究还有待深化。

当前对经济增长与能源需求两者的研究主要利用协整与格兰杰因果检验方法考察两者之间的关系。其研究差异主要在于能源种类的选择和研究地区的选择上。能源种类的选择上的主要差异在于对能源总量（Yuan et al.，2008；Lee and Chang，2008；Lee and Lee，2010）与不同能源品种（Shiu and Lam，2004）的选择上；研究地区的选择则主要分为对发展中国家的研究与对发达国家的研究（Yu and Choi，1985；Mehrara，2007；Ozturk et al.，2010）。大部分研究结果都明确表明能源需求与经济增长间存在协整关系，出现分歧的部分主要在于对两者因果关系的检验上。从结果来看，能源需求与经济增长两者的关系还并不明确，不同样本数据的选取以及研究方法的差异都可能导致不同的结果，缺乏对经济增长影响能源消费的渠道的分析，也未考虑在结构转型情况下经济增长与能源消费的关系。

除了对能源消费与经济增长的关系的考察外，对能源消费影响因素的研究也得到了学者的广泛关注，产业结构和工业化被看作影响能源消费的重要因素之一（林伯强，2003；Wei et al.，2007；Mi et al.，2014）。而已有文献通常是以国民经济三个行业大类所占比重（史丹，1999，2003；徐博，2004）作为解释变量对产业结构进行研究。同时，在计量方法上利用分解技术与时间序列的研究浩如烟海（Ma and Sterm，2008；Chai，2009；Ma et al.，2014），利用面板数据进行估计的研究则较少。

本章认为宏观的“三部门”产业结构调整是一个渐进的过程，而其变化是各具体行业的发展引致的，从第一、二、三产业的大体结构进行分析并不足以涵盖高耗能行业变化所带来的影响。因此，本章从产业内部结构入手，在厘清经济增长、产业结构与能源消费三者关系的基础上，采用面板计量模型从工业内部视角识别出经济增长影响能源消费的传导途径。

三、中国高耗能行业发展现状

本章所指的高耗能行业是根据国家统计局的定义，相对于其他行业，在生产过程中所消耗的一次能源或二次能源比重比较高，能源成本在产值中占比相对较高的产业。根据《2010年国民经济和社会发展统计报告》，六大高耗能行业分别为化学原料及化学制品制造业、非金属矿物制品业、黑色金属冶炼及压延加工业、有色金属冶炼及压延加工业、石油加工炼焦及核燃料加工业、电力热力的生产和供应业。

（一）高耗能行业发展情况

自 1999 年以来，无论是在产值、增加值与投资方面，中国重工业都开始超过轻工业。作为重工业的重要组成部分，中国高耗能行业产值总量也不断增加，但增长速度存在一定波动。从绝对值来看（见图 5－4），2001 年到 2011 年间中国高耗能行业总产值呈现持续上升趋势，2011 年总产值是 2001 年的 13 倍多。从增长速度来看，高耗能行业产值在 2002—2005 年间急速攀升，增长率从 9.3％上升到 67％。之后，除受经济危机影响的 2009 年外，其他年份增速也在 20％以上。

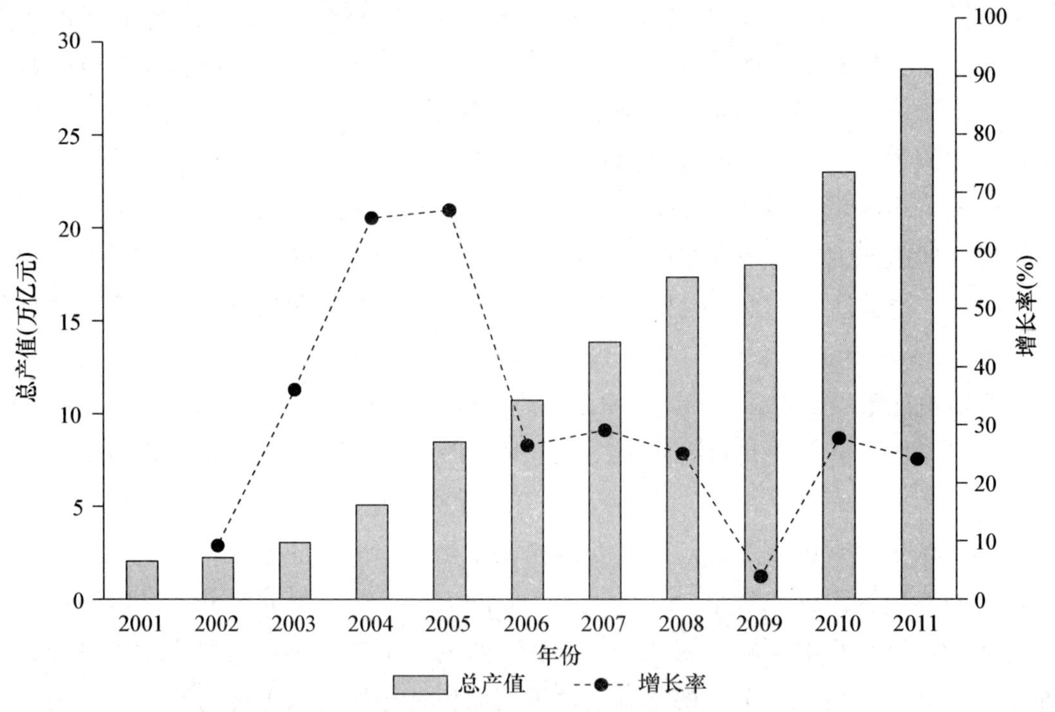

图 5－4　中国六大高耗能行业总产值及增长率（2001—2011 年）

资料来源：历年《中国工业统计年鉴》。

图 5－5 为 2011 年六大高耗能行业产值占工业总产值的比重情况。从图 5－5 中可以看到在工业内部的 39 个行业中，六大高耗能行业占工业总产值的比重从 2001 年的 21.6％上升到 2011 年的 33.7％。在此期间，中国也成为钢铁、水泥、化肥和电解铝等多种高耗能产品的世界最大生产国。

图 5－6 为 2002—2012 年中国六大高耗能行业的固定资产投资情况。从图 5－6 中可以看到，中国高耗能行业的固定资产投资持续增长，到 2012 年已达 48 472 亿元，是 2002 年的 10 倍以上。十年来，增速波动起伏较大，2003 年最高，达到了

53%，之后增速迅速降低，2006年降至14%。2008年增速再次达到高点（27%），但仍远低于2003年。2008年之后增速再次降低。但从2010—2012年增速来看，高耗能行业的固定资产投资增速又开始呈现缓慢上升趋势，但增长较为平缓。

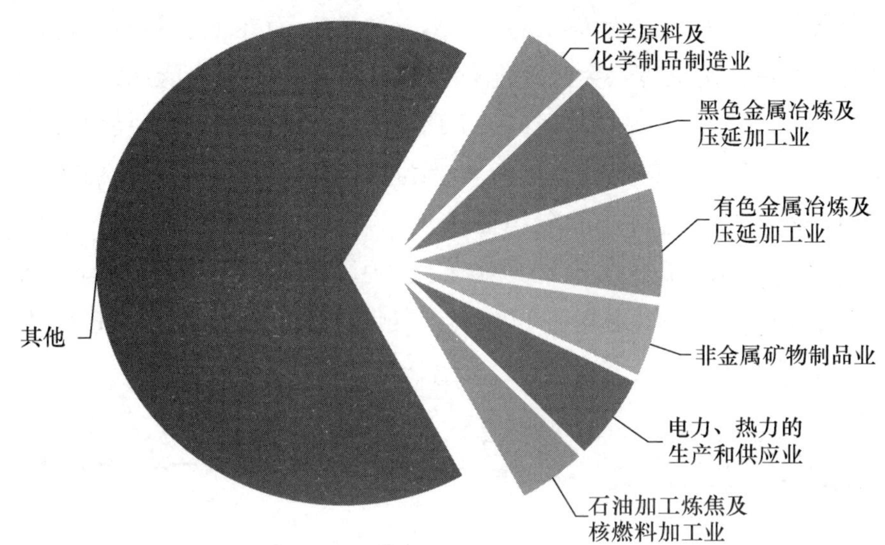

图5-5　中国六大高耗能行业产值占工业总产值的比重（2011年）

资料来源：《中国工业经济统计年鉴2012》。

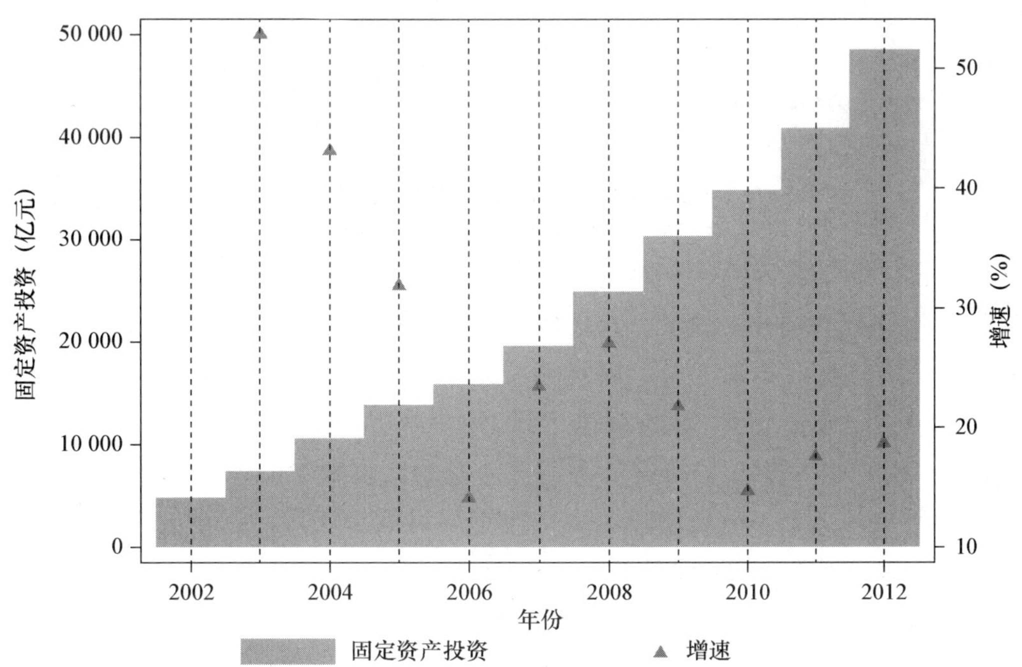

图5-6　中国六大高耗能行业固定资产投资额及增速（2002—2012年）

资料来源：根据历年《中国固定资产投资统计年鉴》整理。

（二）高耗能行业能源消费情况

长期以来，中国工业用能比重远高于发达国家和世界平均水平，工业能源消费占能源消费总量的比重已连续多年维持在70%左右。而在工业部门内部的39个行业中，钢铁、水泥、化工等六大高耗能行业能源消费量占工业能源消费总量的比重已连续10年维持在71%左右（如图5-7所示）。2002—2013年间能源消费总量增长了27亿吨标准煤，而其中有14.2亿吨标准煤（53%）由六大高耗能行业贡献。2000年之后，六大高耗能行业的能源需求均呈现上涨趋势，以钢铁行业为代表的黑色金属冶炼及压延加工业增幅最为显著。2001—2013年间，黑色金属冶炼及压延加工业的能源需求年均增速高达11.4%，其他行业年均增速也均在5%以上①。

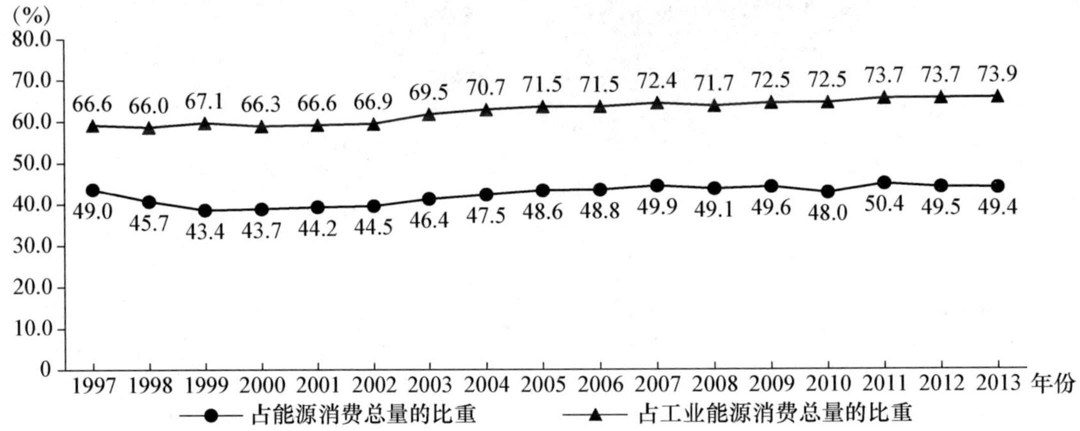

图5-7 中国六大高耗能行业能源消费占能源消费总量和工业能源消费总量的比重(1997—2013年)

资料来源：《中国能源统计年鉴2014》。

从图5-8可以看出，煤炭一直是高耗能行业最主要的能源品种，其次是电力。随着能源消费总量的不断上升，煤炭消费量从2000年的2.7亿吨标准煤上升到2013年的9.3亿吨标准煤，年均增速达到10.4%，尤其是2003—2005年间，年均增速高达25.9%。从煤炭消费占能源消费总量的比重来看，2000—2013年间的平均份额达到58%以上。电力增长速度与比重均远低于煤炭。此外，从2013年起，煤炭消费开始呈现负增长，增速为-0.6%。

总体来看，2011年六大高耗能行业产值占工业总产值的1/3，而能源消费量占工业能源消费总量的2/3以上。“黑”能源结构以及能源使用效率低下是造成高耗能

---

① 数据来源于《中国能源统计年鉴2014》。

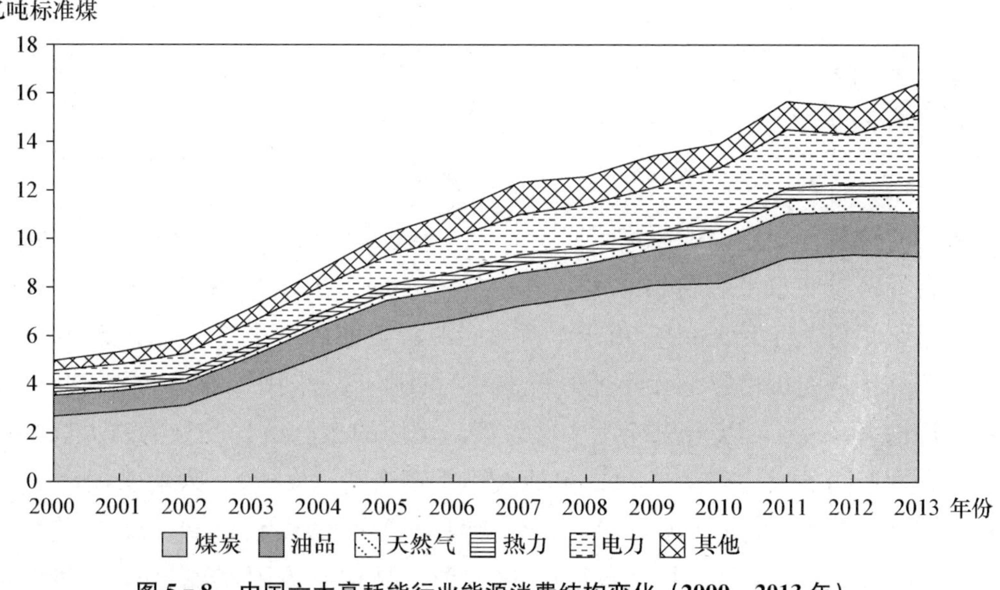

图 5-8 中国六大高耗能行业能源消费结构变化（2000—2013 年）

资料来源：《中国能源统计年鉴 2014》。

行业能源需求居高不下的重要原因。从这个角度来说，高耗能行业在经济增长中的地位不可忽视，但其用能总量却与其经济贡献并不匹配，高耗能行业已成为导致中国能源需求持续上升的根源所在。

四、实证模型

根据 Medlock 和 Soligo（2001），本章将构建关于人均能源消费与人均 GDP 的简化函数模型。本章所采用的能源需求函数形式为

$$E_{it}^{*}=f(Y_{it},p_{it},\tau_{it}(Y_{it},p_{it}))=\hat{f}(Y_{it},p_{it})$$

其中，E_{it} 为能源消费量，它是一个关于人均产出 Y_{it} 和价格 p_{it} 以及技术 τ_{it} 的函数，E_{it}^{*} 为长期最优均衡，并且假设技术是关于能源价格和产出的函数。为了考察能源消费的不变弹性和可变弹性，假设能源需求函数为 $E_{it}^{*}=Ap_{it}^{\alpha_i}f(Y_{it})^{\delta}$。

由于本章旨在强调产业结构对能源消费的影响，说明 GDP 这一衡量经济发展的指标并不能完全解释中国能源消费的增长，因此，为进一步估计高耗能行业对能源消费的直接效应，我们逐步加入各高耗能行业产量 Z_{it}①。若逐渐加入这些高耗能

① 本章利用物理变量而非货币变量是由于以下两个原因：(a) 消除产品受能源价格波动的影响；(b) 各高耗能行业增加值数据存在缺失，可得产值数据区间仅为 2001—2011 年。

行业变量后，人均 GDP 的系数也逐渐变小，则说明经济增长对能源消费的影响确有一部分是通过高耗能行业的发展产生的。此时，能源需求函数、实证估计方程如下：

$$E^* = f(Y_{it}, p_{it}, Z_{it})$$

$$\ln E_{it} = \eta_i + \gamma_t + \alpha_1 \ln price_{it} + \delta \ln Y_{it} + \rho \ln Z_{it} + \varepsilon_{it} \tag{1}$$

采用的被解释变量为能源需求水平，以人均能源消费量（*E*）来衡量。主要解释变量为经济发展水平和价格水平，其中经济发展水平以人均实际 GDP（即变量 *Y*）来刻画（1991 年不变价）；由于本章对能源消费的测度采用的是能源总和变量，不同能源品各自的价格影响在实证分析中并不明确，故采用工业生产购进价格指数来衡量价格（*price*），以 1995 年＝100 计算。采用的核心解释变量为六大高耗能行业的代表性产品的人均产量（*Z*），包括人均粗钢产量（*steel*）、人均水泥产量（*cement*）、人均火力发电量（*power*）、人均十种有色金属产量（*metal*）、人均焦炭产量（*coke*）以及人均烧碱产量（*soda*）。这六种产品均属于国家规定的 22 种高耗能产品。Worrell（1997）、Freeman 等（1997）和 Farla（2000）均认为经济指标并不能很好地衡量特定的产业部门活动，并明确提出物理指标更适合用于能源消费的刻画。η_i 和 γ_t 分别为省份固定效应与时间固定效应。时间固定效应用来控制观测期间内外生共同冲击，省份固定效应用来捕捉各省份间不可观测的差异，ε_{it} 为扰动项。为减少异方差及离群点的影响，各变量在实证分析中均采用对数形式。

本章将基于中国 29 个省份（未包括西藏、海南、香港、澳门和台湾）1995—2013 年的面板数据进行研究。所有数据均为公开数据。其中，能源数据来自历年《中国能源统计年鉴》；人均 GDP 数据以 1991 年为基年进行平减，来自历年《中国统计年鉴》；其他高耗能数据来自各省份历年的统计年鉴，少量变量存在缺失值。表 5-1 为被解释变量与解释变量的描述性统计。

表 5-1　各变量描述性统计

变量	观测值	单位	均值	标准差	最小值	最大值
人均能源消费量	551	吨标煤	2.29	1.45	0.48	9.07
人均 GDP	551	万元	0.92	0.76	0.12	4.63
人均焦炭产量	546	吨	0.22	0.38	0.000 06	2.87
人均烧碱产量	550	吨	0.01	0.02	0.000 6	0.12
人均水泥产量	551	吨	0.83	0.57	0.02	3.18
人均粗钢产量	549	吨	0.29	0.37	0.000 03	2.57
人均十种有色金属产量	541	吨	0.03	0.08	0.00001	0.73
人均火力发电量	551	10^4 千瓦时	0.23	0.21	0.04	1.64
工业生产购进价格指数	551	—	134.79	37.98	87.25	306.26

五、实证结论

(一) 经济增长对能源消费的直接影响

就已有文献来看，对能源消费与经济增长两者关系的研究不胜枚举。多数学者均认为两者存在协整关系。但就不同国别的研究来看，关于两者间的因果关系并没有一个明确的定论。例如关于韩国的研究，Yu 和 Choi（1985）以及 Soytas 和 Sari（2003）认为存在从经济增长到能源消费的单向因果关系，而 Glasure 和 Lee（1998）以及 Oh 和 Lee（2004a）却认为两者是双向因果关系。但之后 Oh 和 Lee（2004b）同时考虑需求侧和供给侧模型后，又得出了不同的结论。关于菲律宾、马来西亚和新加坡等国的研究也有类似情况（Masih and Masih，1996，1998；Asafu-Adjaye，2000；Fatai et al.，2004）。而就中国各省份的具体情况而言，经济增长与能源消费并不呈现必然的双向因果关系。对于不依靠能源消耗发展的省份来说，能源消费的增加并不必然会推动经济总量的增加。同时，根据前文对能源消费和经济总量的关系的探讨，此处不考虑由能源消费与经济增长互为因果导致的内生性问题。

对于中国来说，以高耗能行业为主导产业的省份的能源需求弹性较小，而以“高精尖”产业为主导产业的省份由于更容易找到能源替代品，并更容易通过技术改进减少能源需求，因此其对能源的需求可能更具弹性。此外，以“高精尖”产业为主导产业的省份对能源的需求可能更难测量，故包含较大测量误差。因此，Var（$\varepsilon_{it} \mid Z_{it}$）可能会随着 Z_{it} 变化。对于组内自相关，我们采用的是 Wooldridge 检验，原假设是“不存在一阶自相关”。结果显示均在1%的水平上拒绝原假设，即组内存在一阶自相关问题。一般来说，高耗能产品当年生产过剩造成库存堆积会对下一年的生产造成影响，进而也会影响下一年的能源需求。对于截面相关，我们采用的是 Pesaran 检验，原假设是“不存在截面同期相关”。结果均显著拒绝原假设，即存在截面相关问题。由于中国高耗能产品的生产和消费在地域上经常分离，因此某一省份对高耗能产品的需求的变动可能会影响产品产地的生产计划，进而影响产地省份的能源需求。因此，考虑到异方差、序列自相关和截面相关问题，本章采用迭代可行的广义最小二乘法（FGLS）模型，同时由于中国省份异质性较强，并且受国家政策和市场外部环境的变化的影响较大，故我们同时控制时间固定效应和个体固定效应。

估计结果见表 5-2。列（1）只考虑经济增长和价格两个变量对能源需求的影响，1.046 为人均能源消费的收入弹性，即人均 GDP 每增长 1%，能源需求将会增加1.046%；此时价格的系数为负但并不显著。列（2）至列（7）为逐渐加入六大高耗能行业代表性产品产量后的估计结果。从七列结果可以看到，在逐步加入 ln*coke*，ln*metal*，ln*soda*，ln*steel*，ln*cement* 和 ln*power* 后，人均GDP系数逐渐下降，从1.046下降为0.510，也就是说考虑高耗能行业发展的影响后，人均GDP每增长1%，能源需求的增加幅度从1.046%下降到0.510%，这说明经济增长对能源消费的影响确实有一部分是通过影响高耗能行业间接产生的。从列（7）的结果可以看到，六类工业产品对能源消费的影响均为正，且都十分显著。其中，能源消费对火力发电量的弹性最大，达到了0.269，其次分别为水泥产量（0.045）、粗钢产量（0.031）、烧碱产量（0.028）、焦炭产量（0.022）和十种有色金属产量（0.012）。同时，可以看到在加入高耗能产品后，价格系数显著为负，与预期一致，系数为−0.155说明价格每上升1%，能源需求量将减少0.155%。

表5-2　　经济增长对能源消费的直接影响

Dependent variable：ln*E*	(1)	(2)	(3)	(4)	(5)	(6)	(7)
ln*Y*	1.046*** (0.074)	1.007*** (0.071)	0.969*** (0.072)	0.877*** (0.070)	0.848*** (0.071)	0.667*** (0.074)	0.510*** (0.065)
ln*price*	−0.080 (0.080)	−0.085 (0.077)	−0.084 (0.078)	−0.076 (0.074)	−0.094 (0.074)	−0.165** (0.074)	−0.155** (0.065)
ln*coke*		0.051*** (0.008)	0.049*** (0.008)	0.047*** (0.008)	0.043*** (0.008)	0.035*** (0.008)	0.022*** (0.008)
ln*metal*			0.013** (0.005)	0.013** (0.005)	0.012** (0.005)	0.012** (0.005)	0.012** (0.005)
ln*soda*				0.062*** (0.011)	0.060*** (0.011)	0.050*** (0.011)	0.028*** (0.010)
ln*steel*					0.026** (0.011)	0.044*** (0.011)	0.031*** (0.010)
ln*cement*						0.079*** (0.015)	0.045*** (0.015)
ln*power*							0.269*** (0.026)
Constant	1.586*** (0.390)	1.704*** (0.377)	1.706*** (0.380)	1.911*** (0.368)	1.997*** (0.368)	2.093*** (0.358)	2.334*** (0.316)
Year Dummy	Yes	Yes	Yes	Yes	Yes	Yes	Yes
Province Dummy	Yes	Yes	Yes	Yes	Yes	Yes	Yes
Observations	551	546	540	540	538	538	538
Number of id	29	29	29	29	29	29	29

注：括号中为稳健标准差。*** 表示 $p<0.01$，** 表示 $p<0.05$，* 表示 $p<0.1$。

（二）高耗能行业的传导效应

如前文所述，高耗能行业是上游行业，钢铁、水泥等通常作为其他产业的要素投入，产业链长，受经济波动影响较大。因此，经济增长会通过影响高耗能行业的发展间接影响能源需求。为量化经济增长通过高耗能行业间接影响能源需求的程度，本节将考察人均 GDP 对高耗能行业的影响，即以高耗能行业作为被解释变量进行估计：

$$\ln Z_{it} = \zeta_i + \theta_t + \beta_1 \ln Y_{it} + \mu_{it} \tag{2}$$

$$Z_{it} \in (coke, soda, cement, steel, metal, power)$$

其中，Y_{it}和Z_{it}的定义同模型 1，ζ_i和θ_t分别为省份固定效应与时间固定效应。u_{it}为误差项。六种高耗能产品产量之间貌似没有联系，但由于同一省份的不可观测因素（如去产能计划的公布等）会同时对高耗能行业发展产生影响，故六个方程的扰动项之间存在相关关系。故人均 GDP 对六种产品产量的估计将采用控制个体效应与时间效应的似不相关估计（SUR）。回归结果见表 5－3。从中可以发现，人均 GDP 对六种高耗能产品具有显著的正向影响，说明人均 GDP 的增加会促进高耗能行业的发展。其中人均 GDP 对水泥和粗钢产量的影响最大，分别为 1.517 和 1.301，其次，分别为火力发电量（0.979）、焦炭产量（0.825）、烧碱产量（0.678）和十种有色金属产量（0.642）。可见，经济增长与高耗能行业产品产量正相关，也就是说经济增长对能源消费的影响确实可以从高耗能行业的角度进行解释。

表 5－3　　经济增长对高耗能产品产量的影响

	ln*coke*	ln*metal*	ln*soda*	ln*steel*	ln*cement*	ln*power*
lnY	0.825***	0.642*	0.678***	1.301***	1.517***	0.979***
	(0.318)	(0.388)	(0.244)	(0.293)	(0.159)	(0.106)
Constant	−1.750***	−4.423***	−5.394***	−0.818*	1.117***	−1.391***
	(0.518)	(0.631)	(0.398)	(0.478)	(0.259)	(0.172)
Province Dummy	Yes	Yes	Yes	Yes	Yes	Yes
Year Dummy	Yes	Yes	Yes	Yes	Yes	Yes
Observations	538	538	538	538	538	538
R-squared	0.849	0.883	0.867	0.864	0.875	0.944

注：括号中为稳健标准差。*** 表示 $p<0.01$，** 表示 $p<0.05$，* 表示 $p<0.1$。

由于人均 GDP 对能源需求的影响可部分地由高耗能行业的产量来解释，于是将模型（2）代入模型（1），可得模型（3）。

$$\ln E_{it} = (\eta_i + \rho\zeta_i) + (\gamma_t + \rho\theta_t) + \alpha_1 \ln price_{it} + (\delta + \rho\beta_1)\ln Y_{it} + \rho\mu_{it} + \varepsilon_{it} \quad (3)$$

该等式表明了人均GDP对能源需求的间接与直接影响。其中 δ 为人均GDP对能源消费的直接影响，$\rho\beta_1$ 为人均GDP通过六种产品变量对能源消费的间接影响，ρ 为高耗能六种产品变量对能源消费的直接影响，μ_{it} 为模型（3）中的残差项。模型（3）的回归结果见表5-4。从中可知，价格变量、高耗能变量系数与显著性均与表5-2第（7）列一致，而人均GDP对能源消费的总效应从表5-2第（1）列的1.046降至0.926。

表5-4　　经济增长对能源消费的总影响

VARIABLES	ln*E*
ln*Y*	0.926*** (0.056)
ln*price*	−0.155** (0.065)
μ_1(ln*coke*)	0.022*** (0.008)
μ_2(ln*metal*)	0.012** (0.005)
μ_3(ln*soda*)	0.028*** (0.010)
μ_4(ln*steel*)	0.031*** (0.010)
μ_5(ln*cement*)	0.045*** (0.015)
μ_6(ln*power*)	0.269*** (0.026)
Constant	1.742*** (0.299)
Year Dummy	YES
Province Dummy	YES
Observations	538
Number of id	29

注：括号中为稳健标准差。***表示 $p<0.01$，**表示 $p<0.05$，*表示 $p<0.1$。

表5-5为经济增长通过影响高耗能行业影响能源消费的传导效应分析。可以看到人均GDP对能源消费的直接影响为0.51，占总影响的比重为56.01%；而经济增长通过六种高耗能产品产量对能源消费的间接影响为0.4，相对影响达到43.99%，尤其以火力发电量的调节效应最大，相对影响达28.92%；其次为水泥和

粗钢产量，分别达到5.72%和4.43%。

表5-5　高耗能行业的传导效应

变量	ρ	β_1	$\delta+\rho\beta_1$	相对影响程度（%）
人均GDP			0.51	56.01
人均焦炭产量	0.022	0.825	0.02	1.99
人均十种有色金属产量	0.012	0.642	0.01	0.85
人均水泥产量	0.045	1.157	0.05	5.72
人均粗钢产量	0.031	1.301	0.04	4.43
人均烧碱产量	0.028	0.678	0.02	2.08
人均火力发电量	0.269	0.979	0.26	28.92
总效应			0.91	100

为保证估计结果的可靠性，本章采用更换变量的方法对该结果进行稳健性检验。相较于其他高耗能行业来说，化学原料及化学制品制造业产品范围较广较杂。上文之所以选取烧碱进行分析，是因为烧碱被包含在国家颁布的22种高耗能产品之中。为进一步保证估计结果的稳健性，本章将人均烧碱产量（ln*soda*）替换为人均化肥产量（ln*fertilizer*）进行分析。与上文结果比较，各变量系数大小、符号与显著性均无显著差异，经济增长对能源消费的影响有50.5%是通过高耗能行业的发展产生的，经济增长自身影响为49.5%。该结果较上文结果来看，更加能够说明结构变化对能源消费研究的重要性①。

（三）高耗能行业与能源需求预测

根据上述分析，本章认为经济发展对能源消费的直接影响只是一个维度。在今后中国经济发展过程中，能源将会逐渐与经济脱钩，并不存在必然的共同趋势，因此利用经济总量对能源消费进行预测的方法存在一定的问题。由于能源预测不是本章的重点，因此本节仅对考虑高耗能行业的情形进行粗略估计，旨在说明考虑产业结构与否对能源需求预测影响巨大，而不在于对未来能源消费进行精确预测。

本节将根据表5-2中的列（1）和列（7）的估计结果进行情景分析，这涉及对模型中所包含变量的变动趋势的估计。就中国人口变化而言，选取联合国《世界人口展望2012》中预测的中国2015—2020年人口的平均增长率0.44%。就GDP增长率来看，IMF《世界经济展望2015》给出的2015—2020年GDP增长率分别为6.8%、6.3%、6.0%、6.1%与6.33%和6.33%。因此，2015—2020年的GDP平

① 详细估计结果可向笔者索取。

均增长率为 6.3%。本章选择 6.3%作为 GDP 增长率进行情景假设。

随着中国经济结构的演进，经济发展各方面对高耗能行业物质支撑的需求开始减弱。同时随着供给侧去产能政策的不断深化，高耗能行业发展趋势将开始放慢。因此，对于高耗能行业产品产量，本章将在“十二五”计划增长率的基础上降低 3.0%作为 2015—2020 年高耗能行业的增长速度。焦炭产量、烧碱产量、水泥产量、粗钢产量、十种有色金属产量和火力发电量的增速分别为 1.8%、1.8%、0.5%、0.55%、4.4%和 5.5%。对于价格变量，采用 1995—2013 年的平均增长率 3.0%。

由于利用样本内数据进行估计时考虑了时间固定效应，因此对样本外数据进行预测同样需要考虑这一效应。在采用断点回归进行时间效应估计时，断点出现的年份为 2009 年，而本章的时间跨度仅到 2013 年，故并不适合采用断点回归。本章参照 Holtz-Eakin 等（1995）的方法，对样本外年份时间效应采用样本内数据中最后一年即 2013 年的时间效应进行替代。预测结果见表 5-6。

表 5-6　　能源消费预测结果　　（单位：万吨标准煤）

年份	列（1a）	列（1b）	列（7a）	列（7b）
2014	667 906	477 866	536 949	469 224
2015	710 155	508 094	561 597	490 763
2016	755 076	540 233	587 377	513 292
2017	802 838	574 405	614 340	536 854
2018	853 622	610 739	642 541	561 498
2019	907 617	649 372	672 037	587 273
2020	965 029	690 447	702 886	614 232

列（1a）为只考虑经济增长和价格两个变量的结果，列（1b）为考虑了时间固定效应的预测结果。列（7a）为加入了高耗能产品产量的结果，列（7b）在列（7a）的基础上考虑了时间固定效应。对比结果，可以发现考虑高耗能行业发展速度会明显降低能源消费量。在不考虑时间固定效应和考虑时间固定效应的结果中，加入高耗能产品分别使能源消费量降低了接近 26 亿吨标准煤和 8 亿吨标准煤。这意味着在不考虑高耗能行业增速放缓的情况下，中国能源需求预测会被高估12%～37%。

从预测结果来看，本章明确揭示了仅考虑经济增长单一维度对能源需求进行预测会导致预测发生偏差。尽管本章预测结果明显高于中国实际能源消费值，但这主要可以从以下三个方面进行解释：一是预测模型的选择问题，在各变量增长率的选择上可能存在一定的偏差，但因为需求预测结果并非本章重点，故未展开篇幅另对预测模型进行深究；二是时间固定效应的选取问题；三是由于表 5－6 中估计结果为各省份能源需求预测结果的加总，而就中国历史数据来看，由各省份能源消费加总的全国需求量普遍高于国家统计局公布的全国能源消费量，仅 2012 年和 2013 年两者的平均偏差就达到了 9.4%。因此，本章结果虽在一定程度上对中国能源需求量有所高估，但高估程度在大致可接受范围。

六、结论

本章从两个方面对能源需求进行了分析。首先，从工业内部结构的角度分析了经济增长影响能源消费的直接与间接途径，并对其影响程度进行量化。结果发现经济增长对能源需求的直接影响程度为 56.01%，另外 43.99%的影响是通过高耗能行业的发展引致的，尤其是电力、水泥和粗钢三种工业产品的生产。其次，基于上述分析，本章对能源需求进行了粗略的估计，发现在不考虑产业结构优化的情况下，中国能源需求会被高估 12%～37%。

根据上述结果，本章认为控制产业结构内部的高耗能行业发展才是抑制能源需求扩张的关键。从现实情况来看，尽管当前中国高耗能行业能源需求的占比十分大，但这些行业已进入发展的平稳期，增长空间不大。这说明随着中国经济结构的成长与演进，高耗能行业拐点即将到来，中国高耗能产品继续大规模增长的基础将不复存在。

首先，从其他国家的发展历史来看，高耗能行业的增长会在人均居住面积达到 35 平方米的情况下开始下降[①]，而 2012 年，中国城市和农村的人均居住面积已分别达到 32.9 平方米和 37.1 平方米。同时，随着基础设施建设、房屋建造与汽车制造等行业开始逐渐饱和，中国对高耗能产品需求的空间下移，高耗能产品产能将逐渐下降。从国际经验来看，随着工业化程度的加深，城镇化只会减速而不会加速，高耗能行业发展速度将开始放慢。

其次，就中国经济发展情况来看，一方面，全社会固定资产投资的不断增加引起贷款利率的不断上升，企业成本增加，导致投资预期回报率下降；而另一方面，投资的增加又带来产品数量的增加，使得产品价格下降。综合来看，中国资本边际收益率逐渐下降将使得全社会投资开始收紧，经济发展速度将逐渐降低，经济发展稳态开始出现。同时，就高耗能行业自身来说，其产能过剩现象已导致大部分企业

① 国家发展和改革委员会．中国 2050 年低碳发展之路［M］．北京：科学出版社，2009．

发生财务亏损，市场竞争机制将推动高耗能行业内部的优胜劣汰。

同时，从多国模型阶段划分来看，中国 2014 年人均 GDP 已达到 7 575 美元（以 2014 年美元计），处于钱纳里模型中的工业化后期阶段。这就意味着低附加值的高投资、高耗能和高污染行业增速将会自然回落，高耗能行业的比重将逐渐降低，而“高精尖”的制造业与服务业的比重则会开始上升，整体经济增速将逐渐减慢。

中国高耗能行业发展速度减慢还归因于以下几个方面。首先，从能源政策来看，随着中国“控总量”和“控强度”双控目标的设立，能源需求控制将更为严格，这将会对高耗能行业的能源消费造成约束。其次，从产业政策来看，去产能是供给侧改革的关键步骤，高耗能行业等产能过剩行业都将面临严峻形势。从财税政策来看，资源税费改革进程不断加快，高耗能产品将被征收消费税。再者，金融政策将严格控制对高耗能行业的资金投入。此外，环保政策方面将加强对高耗能行业的监管，加快淘汰落后产能。最后，价格政策中大用户直购将逐渐市场化，高耗能行业难以凭借行政力量获取优惠。而在经济形势方面，部分高耗能产品出口需求受到金融危机冲击，减产成为必然。因此，各领域相关政策的相继颁布与实施都将在一定程度上降低高耗能行业的发展速度。

第六章　地缘政治视角下的亚太地区石油供需矛盾

在国际政治经济领域，石油具有明显的政治属性，是保障国家经济命脉和政治安全的重要物资。近年来亚太地区[①]石油消费增长迅速，超过美国和欧洲而成为世界最大的石油消费中心。石油消费激增和本地区供给能力不足迫使亚太地区各国不得不从中东、非洲等地大量进口石油，石油对外依存度不断攀高。出于对现实因素和历史因素的考虑，亚太地区各石油消费国在国际石油市场展开激烈的竞争。而石油所具有的稀缺性、不可再生性和供需矛盾进一步催生了不稳定因素，石油与政治议题相结合成为对他国施加压力和威胁的工具，加剧了地区紧张态势。就目前局势而言，石油正在对亚太地区的地缘政治格局造成越来越大的影响。

一、引言

1973 年第一次石油危机后，能源与地缘政治的关系越来越紧密，石油作为一种战略性资源改变着世界地缘政治格局。欧美学者开始重点关注石油等能源领域，其关于能源安全和地缘政治问题的见解，成为各国制定和实施能源战略的理论依据。石油安全与地缘政治的联系是必然且持久的，对世界经济、国际政治产生了深刻影响。

石油安全是能源安全的关键，供给安全是石油安全的中心内容，国际能源署将能源安全定义为一种“稳定、可靠的石油供给和合理的价格”的状态，认为能源的

---

① 本章的亚太地区是指包含西太平洋的中国、日本、韩国和南亚、东南亚各国，以及大洋洲的澳大利亚和新西兰等经济体在内的地区，不同于亚太经合组织中包括的经济体。

可获得性（accessible）、可支付性（affordable）和可靠性（reliable）是确保能源安全的三大支撑。石油地缘政治将石油同地缘政治紧密联系在一起，是石油输入国和输出国基于石油资源的贮藏、产油地、运输通道和石油市场的地理分布特点，围绕石油资源的供给与需求进行博弈而产生的一整套运作机制，石油地缘政治不仅是传统意义上的力量对抗或影响力角逐，而且也是各种力量为争夺对某个国家或地区的石油资源的控制权而展开的较量。

Deese 和 Nye（1980）总结了 20 世纪 70 年代原油供应中断的历史经验，认为石油供应的脆弱性导致了原油价格激增之后的石油危机，讨论了地缘政治因素对石油供应稳定的作用，并对美国的能源战略提出了一系列的政策建议。Chest（1983）描述了欧洲、北美、中东、亚太等不同区域的石油地缘政治及美国所采取的对应政策。Klare（2002）指出近十数年来的战争并不是出于意识形态之争，而是出于对稳定能源供给的争夺。Klare（2009）则进一步关注急剧变化的世界石油市场，分析了新兴经济体给世界能源地缘格局带来的改变，讨论了石油安全和地缘政治的关系。Martin（2008）把油价的波动来源细分为供给驱动和需求驱动，将世界石油市场的问题归结为石油输出国和石油输入国的地缘关系。

近些年美欧各国也新出台或者修订了能源战略与法规。例如美国已颁布了《能源政策与节约法》《国家能源战略》《可再生能源法案》等，并于 2011 年设立了国家能源资源局（Bureau of Energy Resources）专门负责从外交角度解决能源资源问题。

国外关于石油和地缘政治的研究主要着眼于政策和国家战略层面，如美国战略和国际问题研究中心（CSIS）发布的 *The Geopolitics of Energy into the 21th Century*(2000)，都是从自身国家的核心利益出发，重点关注中国、印度等新兴经济体对世界石油市场和地缘政治的影响，其目的都是为了确保本国石油供给稳定，确保石油供需平衡。

国内对石油安全和地缘政治的研究愈来愈受到重视，一方面是缘于中国自身资源状况的变化，另一方面也是缘于不断融入国际社会所带来的必然变化。中国 20 世纪 80 年代大规模出口化石资源，从 1977 年至 1985 年，增加的石油出口占增加的中国出口总收入的 1/3。1993 年前外汇的主要来源是石油出口，1993 年后中国由石油净出口国变成石油净进口国。同时，改革开放后不断深化的对外开放和急剧提高的经济水平，客观上催生了对石油等化石能源的需求，中国大规模进口石油也是从这一时期开始的，国内学者开始重视对石油安全问题的研究。

徐小杰（1998）分析了各国针对油气资源展开的博弈，论述了东亚和俄罗斯的能源地缘政治态势。庞昌伟（2008）从地缘政治和国际政治角度入手，分析了能源变革时代世界各地区的能源形势，认为石油是确保国家安全的稀缺资源，强调通道安全对保证石油供给稳定的重要性。许勤华（2012）阐述了由石油资源禀赋、地理特性产生的独特地缘政治格局，从外交角度分析阐述了当前面临的能源困境。王亚栋（2002）等人从国际政治视角分析了能源对社会经济的决定作用，认为这种决定作用导致了能源与国际关系的互动。孙霞（2008）等人则从地缘政治角度分析了中亚的能源特点，强调地缘政治格局对多变的能源合作和国家能源安全的决定作用。刘新宇（2016）分析了近年来国际石油市场的变化和国际石油供需格局，认为国际能源治理结构会随着国家实力和地缘政治调整而变化，强调要充分利用国际资源，在开放条件下维护能源安全。陈志健（2015）等人利用石油供给量等数据分析了石油供给的国际地缘政治格局，认为世界现在形成了以美国为首的OECD国家集团、以沙特等为首的OPEC国家和俄罗斯国家集团、以中国和印度为首的制造业国家集团，这三大集团是当前石油地缘政治博弈的三大主力。国内学者关于石油安全和地缘政治的分析主要关注中国及其周边国家的地缘政治特点，主要是围绕中国的国家能源战略和能源安全展开的，还有部分学者致力于比较不同国家的能源战略与政策、能源资源禀赋。本章将围绕亚太区域石油供需矛盾来分析地区能源安全。

二、亚太地区石油安全供需特征

(一) 石油探明产储量与消费区域重叠性差

根据2016年6月9日发布的《BP世界能源统计年鉴2016》，截至2015年年底，全球石油探明储量中有47.3%分布在中东，仅有2.5%分布在亚太地区。在石油产量方面，OPEC国家和前苏联地区分别占全球产量的41.4%和15.6%。尽管中国现在是世界第五大产油国，但在全球石油产量中仅占4.9%，整个亚太地区的石油产量也仅占目前全球产量的9.1%。

2015年亚太地区共消费了石油15.01亿吨，占世界石油消费总量的34.7%，远高于北美地区的23.9%和欧洲的19.9%，连续10年成为全球最大的石油消费中心。亚太石油缺口是世界上最大的，本地区产能远远不能满足本地区巨大的能源需求。2014年和2015年世界各地区石油消费量和增长率见表6-1。

表 6-1　　2014 年和 2015 年世界各地区石油消费量和增长率

地区	2014 年石油消费量（千桶/日）	2015 年石油消费量（千桶/日）	增长率
北美	23 418	23 644	0.9%
中南美	6 478	6 775	0.4%
欧洲及欧亚大陆	18 266	18 380	0.4%
中东	7 190	7 083	−2.1%
非洲	3 763	3 888	3.2%
亚太	31 119	32 444	1.5%

资料来源：《BP 世界能源统计年鉴 2016》。

（二）石油供需矛盾扩大，对外依存度高

能源需求能够反映一个地区的经济发展态势。亚太地区是目前全球最具有发展前景和经济活力的地区：庞大的人口基数与较高的自然增长率、幅员辽阔的地域、逐渐升温的经济态势、不断提高的生活水平、快速推进的城市化工业化进程以及日益强烈的环保需求，都决定了亚太地区的石油消费将在相当长的时间内保持增长态势。《世界能源展望 2016》指出一次能源消费将受亚洲新兴市场的强劲增长推动，中国和印度占世界石油需求增长的一半以上。亚太地区绝大多数的国家都是石油净进口国。

自 2013 年起，中国已经超过美国成为世界上第一大石油净进口国，2015 年中国的原油净进口量达到了 737.2 万桶/日，而当年产量仅为 430.9 万桶/日。按照这个数字计算，中国对外石油依存度高达 63.1%。在参考情景下，预计到 2040 年，全球石油需求的 40%将来自亚太地区，石油和其他液体燃料总消费量预计将以每年 2.1%的增长率增长。

（三）典型的寡头垄断市场和无序的竞争机制

石油产业的高投入高风险、规模经济明显、高进出壁垒的特性决定了石油产业由少数寡头所垄断。沙特等 6 个主要的资源国的国家石油公司占据了全球探明储量的 70%和石油产量的 32%。埃克森美孚、BP、壳牌、道达尔、雪佛龙等跨国石油公司则控制着 30%以上的石油工业产值、超过 2/3 的国际贸易量和直接投资额以及 80%以上的石油石化先进技术。

目前，泛亚太油气贸易区最显著的特点就是中东和亚太地区的不对称依赖。亚太地区占据了中东出口石油总量的 76%，没有中东这一石油输出地，亚太地区将深陷困境；同样，如果没有亚太地区这一出口目的地，世界上也没有任何其他地区或

国家需要额外1 500桶/天的石油。但亚太地区作为最大的石油进口地区却为石油付出了高额的石油溢价，各经济体对石油供给稳定性也有极大的担忧。亚太地区的石油市场呈现出典型的寡头垄断特征，供应商过于集中，而买家是极其多样化且无组织的，包含互相竞争的私人公司、国有企业、政府等。各亚太经济体之间是相互竞争的，很难出现石油进口经济体集团，它们也很难组织起来同石油出口国进行集体谈判。

三、亚太石油供需矛盾的地缘政治困境

第一重困境是指石油生产和消费的地理分离（separability），这是亚太石油供需矛盾的突出特征。虽然石油生产的地理范围覆盖全球，但受到地理贮藏全球分布不均衡的影响，当前石油的生产活动还是集中于波斯湾、墨西哥湾附近。亚太各国由于自身石油储量小、产量低，几乎都需要从这些地方大量进口石油以满足国内经济发展的需要。

生产和消费的地理分离必然会带来石油资源的全球配置。世界石油市场并非是完全一体化的，亚美欧三个区域存在较大的市场分割，有不一样的基准油价格和升贴水设定。目前已形成美洲、泛亚太、欧洲—前苏联地区三大贸易区。其中，美洲是供需一体化体系，体系内基本实现了供需平衡。而后两个贸易区为供需分离体系，供需双方差异较大，供应安全程度低。欧洲—前苏联地区贸易区的原油需求基本上依赖位于同一地区、地理位置较为邻近而意识形态略有差别的前苏联国家供给。而泛亚太贸易区的原油需求更多的是依靠地理位置较远的外部市场来供应的。在三大贸易区中泛亚太贸易区最为复杂，这一区域的供给方和需求方众多，且供需双方在语言习俗、意识形态、宗教信仰以及政治体制等方面各不相同，安全度低。

第二重困境是指对通道安全的依赖性（dependency）。泛亚太贸易区作为供需分离体系的一个显著特点就是供给方和需求方在地理上距离较远，需要长距离的贸易运输来实现石油资源的全球流动。现阶段石油运输主要是通过管道、海运等方式实现。目前每天约有 9 010 万桶原油及成品油在全球范围内流动，大约有 63%（5 650 万桶）是通过海运来实现的。对于亚太地区的石油供应而言，保障运输线及关键节点的安全至关重要。据美国能源信息署（EIA）估计，2013 年每天大约有1 520 万桶石油需要通过马六甲海峡，1 700 万桶石油需要通过霍尔木兹海峡①。如

① U. S. Energy Information Administration：World Oil Transit Chokepoints ［R］. 2014.

果马六甲海峡无法通行，那么通往东亚的海运航线至少有80%需要重新设计，会极大地提高运输成本和石油价格，这会严重威胁各国的石油供给稳定。

第三重困境是指各国能源消费结构的趋同性（homoplasy)。首先，受制于既有的地理因素和资源禀赋，亚太地区各国在能源消费结构上有较大的趋同性。各国一次能源消耗主要以煤炭和石油为主，在亚太地区一次能源消耗中，27.3%是石油，50.9%是煤炭。中国、印度、日本、韩国等能源消耗大国的一次能源消费结构极其相似，能源主要依赖煤炭和石油。

其次，各国受石油地理贮藏、生产格局以及亚太各国历史上联系的影响，中国、日本、印度、韩国、新加坡等石油消费大国在海外能源供应上有较大的趋同性，高度依赖海外进口石油来为经济和社会发展提供动力，海外石油主要来自中东国家，如伊拉克、沙特、伊朗等。石油供求缺口的不断扩大迫使越来越多的亚太国家纷纷转向区外寻求更多的石油供应，进口多元化成为各国共同的战略选择。战略意图上的重合使得各国战略缺乏互补性，降低了进行合作的意愿，加剧了在石油领域的对立性。2015年各国石油进口量及占进口总量的比重如表6-2所示。

表6-2　　2015年各国石油进口量及占进口总量的比重

国家	从前苏联地区进口		从中东进口		从北非进口		从西非进口	
	进口量（百万吨）	占比	进口量（百万吨）	占比	进口量（百万吨）	占比	进口量（百万吨）	占比
中国	47.7	14.2%	170.4	50.8%	3.87	1.2%	52.3	15.6%
日本	15.2	9.1%	139.74	83.3%	—	—	1.1	0.6%
印度	1.5	0.8%	114.5	58.7%	3.6	1.8%	33.5	17.1%
新加坡	1.0	2.1%	37.4	82.0%	0.2	0.5%	0.1	0.2%
澳大利亚	1.6	6.5%	6.3	25.8%	—	—	2.4	10.0%

资料来源：IEA。

四、亚太地缘政治与石油安全供应

保证能源供给的充足稳定是各国安全战略的要点和能源政策的根本立足点。尽管近十年来新能源领域取得了重大突破，但石油仍是世界上的主导能源。要保障经济可持续增长就必须确保石油供给，保证石油供给稳定仍是各国能源战略的重中之重。石油的主导能源地位长期不动摇，使国际石油政治成为国际政治的不稳定之源。亚太地区石油的供需矛盾严重威胁到了亚太地区的稳定与安全，对亚太地区的地缘政治格局产生了深刻影响。

（一）亚太经济增长与石油依赖

第一，石油与经济增长密不可分。石油是现有技术水平下最方便取用的能源，被广泛使用到生产生活的各个领域，对于经济发展起着重要支撑作用。2005—2015年，亚太地区 GDP 年均增长 4.3%（按照购买力平价计算）[①]，同期石油消费从 11.50 亿吨增长到 15.01 亿吨，年均增长率为 2.6%[②]。研究表明，能源消费与经济增长之间具有显著的协整关系，即它们之间具有长期均衡关系。特别是对处于中期发展阶段的国家，能源在生产要素组合中起着主导作用，高能源强度产业是拉动经济增长的重要力量。

第二，石油供给稳定关系经济安全。石油作为经济发展的能量来源，同经济安全紧密联系在一起。各国之所以普遍关注长期稳定的能源供给，从根本上说，是因为经济增长的实现程度取决于其对能源的需求的满足程度。在第一次、第二次石油危机中，石油供应短缺导致石油价格上涨，主要工业化国家的通货膨胀率几乎翻了一番，失业人口显著增加。1978—1982 年，美国共有 17 500 家企业破产，这是美国建国以来所从未有过的。能源作为经济增长的推动力量，决定了经济增长的规模和速度。一旦石油供需矛盾激化，就会对石油供给稳定产生威胁，进而会威胁到一国的经济安全。

第三，石油供给的政治考量。"石油，10%是经济，90%是政治。"[③] 各国都将满足石油需求视为国家的重大利益，获取并控制更多的石油资源是增强国际政治权力的重要手段。控制更多的石油资源是在国际权力斗争中占据有利位置的重要筹码。

（二）亚太地区的石油地缘政治格局

能源的地缘政治属性是确凿无疑的：能源的生产、运输和分配都受制于复杂的地理结构，能源也是地缘政治权力的重要来源，能源政治受到地理因素的影响。由于亚太地区自身的地理特点和资源禀赋，形成了由中国、美国、日本、俄罗斯、印度、东盟、中东七方参与的战略博弈格局，同时和域外其他国家也有千丝万缕的联系。

第一，中亚地区。中亚地区作为中东可能的替代产油区，石油资源相当丰富，

① World Bank 网站（http://data.worldbank.org/region/EAP）。

② BP 公司. BP 世界能源统计 2014 [R]. 2014.

③ 丹尼尔·尤金. 丹尼尔·尤金访谈录 [J]. 国际政治，2002 (98)：331.

这一地区的油气资源涉及中国、俄罗斯、印度、土耳其、伊朗等国的利益，也吸引了包括美国和欧盟在内的域外力量的关注。美国进一步强化了其在中亚地区的军事存在感，加强了对中亚油气管道建设的参与，以实现其对俄罗斯、中国的双遏制战略，尤其是应对2014年发生的乌克兰剧变，确保欧洲局势的大致稳定和欧洲盟友的战略利益。俄罗斯和中亚有历史上的联系，主张恢复中亚统一的电力系统，目前正在积极参与构建欧亚联盟，试图重新获得其在中亚地区的特殊政治地位。日本和印度也加强了同中亚地区的合作，印度与哈萨克斯坦、阿塞拜疆以及乌兹别克斯坦建立了稳定的合作关系，2015年12月，土库曼斯坦—阿富汗—巴基斯坦—印度天然气管道（TAPI）破土动工，加紧争夺中亚地区的油气资源。

第二，南亚、东南亚及南海。这一地区是关系亚太局势稳定的关键地区，美国重回亚太并推出了亚太再平衡战略，在政治和经济上扶持东盟各国，支持东盟建设，联合澳大利亚，试图遏制中国，加强其对亚太地区的掌控，这使得该地区的局势更趋紧张。马六甲海峡作为世界上最繁忙的航运通道，每天向远东地区输送巨量的石油，而这一咽喉要道同样也是控制在域外大国美国手中。南海地区则正成为亚太地区地缘政治博弈中的另一大变数。

第三，远东地区。中日韩三国一衣带水，都是世界上排名靠前的石油净进口国，文化传统上的同根同源和资源禀赋上的相似性使得上述三国的油气供应结构有很大的趋同性。俄罗斯作为油气出口大国，正在实行能源战略性东移，从深度和广度上加大同中日韩三国的合作力度。日韩两国加强了同美国的军事同盟关系。安倍政府在2014年通过修宪解禁集体自卫权，2015年修订了《美日防卫合作指针》，日美军事合作进一步深化，2016年美国升级关岛防务，美韩两国也积极推动“萨德”入韩，实现亚太反导系统建设的突破。而在能源领域，日本极力推动亚太地区的能源合作，建立完善亚洲能源共同市场，进而弥补其自身在资源领域的不足；韩国政府也试图在中国、俄罗斯和日本之间保持政治平衡，利用外交手段改善与邻国的关系。

（三）石油加剧地缘政治博弈

（1）运输通道控制权的争夺。中国、日本、印度、菲律宾、新加坡、马来西亚等国家都加强了海军建设，在战略要冲部署军队。

（2）海外石油资源来源的争夺。石油资源贫乏，由于储量少消费量大，因此需要大量进口才能满足经济发展需要。亚太地区石油供应增长明显落后于需求增长。尽管亚太地区的石油消费增长率有所放缓，但增加的绝对量仍旧十分可观。在需求激增的同时，整个亚洲的产能与世界其他主要地区比起来却相形见绌，供应增长明显落后于需求的增长，国际油价的大幅波动和各国对石油生产的悲观预期迫使各国加强了对油源的争夺。

(3) 海上油气资源的争夺。第一个是中日东海争议。20 世纪末至今，中日两国关于东海问题的谈判一直没有实质性的进展。2004 年，中国开始开发春晓油气田，被日本国内媒体误导性地渲染成"中国侵犯日本领海"。2012 年日本还进行了"有模有样"的钓鱼岛"国有化"。第二个是南海油气资源争端。南海油气资源丰富，是继波斯湾、北海和墨西哥湾之后世界第四大海洋油气聚集中心，南海地区石油探明储量为 280 亿桶。中国提出了"搁置争议，共同开发"的八字方针，但越南、菲律宾、马来西亚、印度尼西亚和文莱等国无视中国主权，已经在这一海域勘探、开发了二三十年之久，对于南海的局势，某些域外国家也开始插手，在未来一段时间内，有关各方必须审慎对待，一旦矛盾激化，就可能爆发冲突。

五、亚太区域地缘政治下的中国石油安全

石油供需矛盾是石油安全问题的具体化，而石油供需问题不可避免地会同地缘政治联系在一起。经济迅速发展带来的石油天然气消费剧增、油气运输通道受到威胁、油气输入国间相互竞争以及在国际石油价格方面缺乏话语权都导致中国石油安全面临严重挑战。亚太乃至全球主要地区面临的复杂能源地缘政治博弈更是进一步加剧了中国石油供给的不稳定性和不安全感。正如上文所言，亚太地区的石油供需矛盾会严重制约中国经济的发展，亚太石油安全会影响中国的整体国家战略。为了维护国家石油安全，从地缘政治角度出发，综合考量亚太地区的石油供需状况，探讨新形势下维护国家石油安全的政策建议是十分必要的。

(一) 立足亚太，丰富外交手段，实现合作共赢

亚太地区是目前全球石油消耗量最大的地区，也是世界上石油净进口国家数最多、进口总量最大的地区。同时，亚太地区的油气供需体系还呈现石油探明储量与消费区域重叠性差、对外依存度高的特点。考虑中国的油气安全，首先就必须立足亚太地区实际。中国作为一个石油对外依存度超过 50%的石油消费大国，获取稳定、充足的油气资源供应必将是一项长期的任务。而外交手段是解决国际冲突、处理国际事件最理想的手段，中国应适当调整外交政策，坚持"韬光养晦"和"有所作为"并重，实现能源资源领域的合作共赢。

第一，改善同周边国家的关系，优化地缘政治环境。中国周边地区是中国确保石油来源稳定和通道安全最基本的保障。在处理同中亚国家的关系时，要强化上海合作组织的功能，以经贸合作、对外投资为纽带，利用好"一带一路"的契机，加强彼此间经济的相互依赖性，平衡能源相互依赖的不对称性。在处理南海问题时，要以保障国家根本利益为前提，坚持"刚性主权，柔性开发"的方针，坚持"主权在我、搁置争议、共同开发"的原则，坚持当事国之间进行双边谈判，加快油气资源开发。在处理朝核问题时，要发挥主动性，以六方会谈为平台促进美朝和解，实现朝鲜半岛无核化，维护东北亚安全稳定。在处理同日本的关系时，要尊重历史，对历史进行省察，对现实进行反照，增进互信，避免中日之间不必要的争端，促进中日之间的经贸往来。积极探讨、筹划和建设东亚中日韩能源合作机制，重点建设亚洲天然气交易中心，加强油气价格领域的合作。

第二，充分发挥各国际组织的平台作用，提升自身能源资源的话语权。加强与世界主要能源机构、国家和经济体的能源合作：以成员身份继续参与国际能源署、亚太经合组织能源工作组、东盟与中日韩能源合作、国际能源论坛、世界能源大会、联合国新能源与可再生能源会议、亚太清洁发展与气候新伙伴等机制；以能源宪章观察员身份，继续与欧盟加强能源合作，尤其是在新能源和节能领域的合作；与国际能源署（IEA）和石油输出国组织（OPEC）建立密切关系；加强同经济合作与发展组织（OECD）国家的合作交流；处理好金砖国家等新兴经济体之间的能源问题。

第三，积极探索新型大国关系框架下中美新型能源关系。中美两国作为当今世界最大的发展中国家和最大的发达国家，具有很强的互补性。构建不冲突、不对抗、相互尊重、合作共赢的新型大国关系要求中美两国在能源领域深化合作，增进互信。完善与美国的能源对话与合作机制，推动中美能源领域的高层互动和对话；增进中美两国的战略互信，避免出现战略误判，共同维系中东地区的稳定，妥善处理好伊核问题；加强在能源通道安全方面的合作，尊重彼此在领土主权、防空识别区、专属经济区等方面的正当权益，在全球范围内采取多种合作方式共同维护全球油气运输通道的运输安全，共同打击恐怖主义和极端民族主义，重点运输通道是马六甲海峡；在非常规油气资源领域开展全面合作，加强中美双方在页岩气领域的技术交流，探讨新能源领域和节能环保问题的合作。宽广的太平洋能够容得下美国，也能容得下中国。

第四，发挥企业在公共外交领域的优势。"走出去"战略不仅仅是为了保障国家能源安全，本质上也是遵循国际石油行业发展的一般规律，顺应经济全球化浪潮的内在选择。企业在公共外交领域具有独特优势，能够营造国家之间良好的能源关系氛围。企业应本着融入当地文化、为当地各类公众着想、互利双赢的方式开展公共关系活动，积极赞助所在地的文化活动、体育赛事、环保活动以及慈善活动等；利用所在国的公共关系机构等资源，聘请并积极配合其为本企业进行公共关系策划和实施工作。

（二）调整战略重点，油气协调推进，实现多元发展

在未来相当长的一段时间内，煤炭、石油、天然气仍将是我国能源消费的三大主力，从全球石油地缘政治发展态势和中国自身能源需求状况来看，我国应坚持走油气来源多元化战略，拓展海外油气源，确保油气供给稳定。同时，我国也需要加大技术投入，开拓新能源，发展清洁能源，实现能源资源领域的多元发展。

第一，拓展海外油气源，调整战略重点。俄罗斯、中亚、拉美及北美的石油探明储量近年来有了较大幅度的增长，非石油输出国组织的油气产量也有了较大幅度的增加。世界范围内的石油供给集中程度有所下降，有利于石油消费国实现石油进口来源的多元化。我国应以“一带一路”倡议为契机，开拓海外业务，坚持多元化并购策略，积极优化海外资产布局。三大石油公司（中石化、中石油、中海油）要稳定中东市场的石油供给，确保在伊朗、伊拉克等地的油源；积极开拓中亚—里海地区市场，推进油气运输管道建设；大力进军南美、非洲等地，以贷款换石油的方式加强海外油气合作，丰富海外油气源。

第二，坚持油气并举。与石油相比，天然气具有环保、安全、经济的特点，提高天然气在我国一次能源消费中的比重，可以有效改善大气环境。继续加大国内天然气勘探开发投资，尤其是海上油气开发勘探；坚持常规与非常规天然气开发并举，加大技术研发投入，降低非常规天然气成本；加快天然气管网建设，完善城市居民生活用气管道网络；在交通运输领域，提高城市加气站的市场占有率，便利燃气车船的使用；在工业领域，优化发电机组，推行气电及煤改气发展；拓展和扩大天然气进口渠道，深化与俄罗斯在天然气领域的合作，稳固同中亚各国的天然气管道；适时进入、参与北极区、东西伯利亚和远东地区天然气合作开发。

第三，发展清洁能源，缓解国内石油供需矛盾。在目前的能源消费结构中，风能、水电、核能、生物质能、太阳能等清洁能源在能源消费总量中占比很小，发展前景广阔。推进长江、珠江等大江大河的水力发电网络建设；积极推动东北、西北以及沿海地区的风力发电场建设，有规模有计划地开发丰富的风能资源；鼓励青藏高原地区、新疆地区、内蒙古高原地区、山东等辐射量大、日照时间长的地区利用

太阳能，将光伏发电厂和家用太阳能设备相结合，解决现有供电管网中的“死角”；对清洁能源实施税费减免等优惠措施鼓励企业和居民多使用清洁能源，提高优质能源占比。

（三）拓宽石油进口通道，确保通道安全

我国的海外石油有一多半是通过海运抵达中国的，海上运输路线是我国目前进口石油的最重要的方式。来自中东、非洲的石油必须通过马六甲海峡，但马六甲海峡处于地理咽喉位置，一旦发生突发事件，极易被封锁，具有较高的运输风险。从短期来看，绕开马六甲海峡的可能性比较小，必须妥善处理好同相关国家的关系，长期来看，应拓宽石油进口通道，确保通道安全。

在西北方向加紧打造与中亚—里海地区的油气管道网络，中哈石油管道已于2006年投产运营，中国—中亚天然气管道A、B、C线已经成功连接了土库曼斯坦、乌兹别克斯坦、哈萨克斯坦，2014年开工建设的D线则途经塔吉克斯坦与吉尔吉斯斯坦线从新疆南部进入我国，环中亚地区至我国的天然气管网已经基本成型；在西南方向，建设中缅油气管道，破解马六甲难题，直接从紧邻印度洋安达曼海的缅甸若开邦马德岛上岸，通过输油管道运送到我国西南地区，降低海上进口原油的风险；同时加强同巴基斯坦的合作，目前中国企业已经获得了瓜达尔港43年的经营权；东北方向，中俄油气管道（俄罗斯东西伯利亚—太平洋石油管道中国支线）已经于2010年正式运营，中俄东线天然气管道2014年签订合约，中国四大油气进口战略通道大致形成。

（四）鼓励技术和商业模式创新，节能减排，推动结构转型升级

核心科技始终是影响国际竞争的关键因素。加大关键领域的技术研发力度，增强石油产业竞争力，把握石油行业发展制高点，是实现我国石油海外资源利用跨越式发展的保证。利用互联网工具，发展“互联网＋能源”技术推动能源生产和消费革命，促进商业模式创新；运用大数据和云平台，动态监测各行业耗能情况，追踪油气从生产到消耗的全过程，构建稳定、经济、清洁的现代能源产业体系；强化能源管理和交通能耗管理，降低能源强度，提倡绿色生活，减少污染物排放总量；坚决控制能源消费总量，全面推进工业、交通等重点领域的节能减排，改组能源强度大的企业，推动经济结构调整，优化产业结构和产业布局，大力发展新兴产业。

生态良好是新型工业化、城镇化的目标之一。在发展经济的过程中要大力防治生态破坏和环境污染，切实贯彻创新、协调、绿色、开放、共享的发展理念：重点

发展和推广清洁能源，治理环境问题，注重水土保持；建立健全资源循环机制，大力发展循环经济，提高能源和资源利用效率；加强对煤炭业的监管，注重生态环境恢复补偿，及时更新相关指标；动态监测温室气体排放，积极防治大气污染，提高并严格实施机动车尾气排放标准和年检制度，鼓励城乡居民使用清洁燃料汽车和混合动力汽车，改善公共交通。

（五）深化能源行业改革，完善体制机制

第一，集中能源管理职能。目前我国的能源管理机制比较分散，各大部委的工作都涉及能源政策和管理，而国家能源局的级别较低。首先，将目前分散在多个部门的能源管理职能集中起来，探索实行工作集中、职能有机统一的大部制，建立负责全国能源综合管理的中央机构；其次，加强对石油化工、电力系统、发电厂等能源市场网络的监管，建立具有独立地位的能源监管部门；再次，完善立法，确保依法治国在能源领域落到实处。

第二，完善石油储备体系和能源应急体系。作为发展中国家，我国的战略石油储备体系还处于初级建设阶段。根据国家能源局的数据，至 2015 年年中，我国共建成 8 个国家石油储备基地，储备原油量 2 610 万吨，这一石油储备量完全不能应对突发的供给危机，不能保障石油安全，要完善石油和天然气储备体系，提高储备能力，增强抵御风险的能力。

第三，加强能源发展趋势研究。目前，国际上比较重要的能源机构和跨国石油公司都会定期发布全球能源展望报告或统计年鉴，如 IEA 的《世界能源展望》（*World Energy Outlook*）对未来 20 年甚至更长时期的全球经济、能源发展趋势进行情景分析。而当前我国行业协会、企业均缺乏相关研究，每年仅出版《中国能源发展报告》（能源蓝皮书）等，能源数据缺失；应加强能源发展趋势研究，鼓励大学、研究所、智库进行能源行业分析，完善能源数据库，积极主动地发布关于油气行业的中长期展望和分析报告，提升我国石油行业的影响力和话语权。

第七章　普遍服务内涵及管制
——以电力行业为例

一、普遍服务的基本情况

(一) 普遍服务的定义

“普遍服务”一词最早是由曾垄断美国电信市场多年的AT&T公司在20世纪初提出的，那时AT&T公司总裁威尔（Vail）在1907年年度报告中倡议“One policy，one system，and universal service”。该提法引起了美国政府的重视，并于1934年在法律条文中增加了普遍服务政策。普遍服务涉及的问题非常多，所以很难得出一个通用的、简洁明确的定义。目前文献中采用较多的是欧洲委员会给出的定义：普遍服务的意思是所有的消费者，不管其居住地区的特定状况如何，不管其地理环境如何，都能够在可承受的价格下获得指定质量的服务。

欧洲委员会给出的定义包括了普遍服务的三个基本特点——普遍性、无歧视性、可负担性，即要为任何人都提供无地域歧视、无质量歧视、无资费歧视且能够负担得起的产品服务是对普遍服务的最基本的释义。普遍性意味着每个消费者都应接入该网络，且该网络应该尽可能地覆盖整个市场；非歧视性意味着无论消费者在哪个区域、或贫或富、接入成本是多少，都应对相同的产品制定相同的服务价格；可负担性则意味着总有一种基本服务是消费者在可承受的价格之下可获得的。这已经成为世界大多数国家电信、邮政、电力、供水、供热、供气及交通运输等网络型公用事业的基本要求，让全体国民享受最基本的普遍服务也成为各国政府的一项重要的公共政策。

（二）普遍服务的必要性

根据经济学基本理论，普遍服务的必要性可以总结为以下三点：纠正市场失灵、财富再分配、必需品性质。

1. 纠正市场失灵

普遍服务涉及的行业往往具有正的外部性，能够给周围带来或多或少的福利，另外，实施普遍服务的企业常常拥有较大的市场势力。根据经济学理论，垄断和外部性都会造成市场失灵，使市场配置资源无效率。就典型的电信行业而言，电信是具有正的外部性的，电信网络主要用来进行信息交流。而信息在促进社会进步方面具有举足轻重的作用，比如信息可以促进技术的交流、文化的传播、文明的扩散等，信息也可以促进贸易，从而促进社会福利的增加。如果没有电信普遍服务，那么在一些接入边际成本较高的地区就不能使用电信网络与外界进行联系，也无法与外界进行贸易交流，从而导致该地区长期闭塞，不能发展。其他行业也或多或少存在不同的外部性。企业在决策时，除非外部性能带来切实的利润，否则是不会考虑外部性的。这时候就产生了市场失灵的问题，普遍服务能够纠正这种市场失灵，这种情况下普遍服务就像是一种庇古税。

能够纠正市场失灵是建立在普遍服务存在正外部性或是行业垄断的基础上的。

2. 财富再分配

普遍服务本质上也是一种财富再分配的手段。由于普遍服务要求的是可承受的价格和无歧视的质量服务，所以定价不会很高，这种扭曲定价的方法实际上是一种变相的补贴。这种补贴主要是对穷人和服务成本较高地区的消费者的补贴，所以对缩小贫富差距、促进区域平衡发展具有重要的意义。

3. 必需品性质

普遍服务往往是生活中的必需品，是每个人都应该能够获得的服务，比如电信普遍服务，其保证了用户在通信交流、信息获取和传输、产品交易等方面的基本权利。电力普遍服务，更是人们生活中时时刻刻都需要的产品，小到居民家中各个家电，大到农业、工业大型设备都离不开电力服务。金融普遍服务，在不同发展阶段提供的服务不同，就目前中国而言则是为用户提供融资方式和金融产品，促进金融业发展。这些服务都是人们生活中时时刻刻都无法离开的。

（三）普遍服务的做法

由于各国的经济发展阶段不同，普遍服务的运行方法也不一样，现实中的做法比较复杂，但是这些做法一般都是以下几种基本模型的组合：管制下垄断、国家经营公司、私有制企业和完全竞争市场（见表 7－1）。

管制下垄断最早是 1934 年在美国电信行业实施的。在这种做法下，政府保证电信企业在服务地区的垄断地位，电信企业则必须承担普遍服务的义务。

虽然管制下垄断在理论上是可行的，但是由于企业成本是不透明的，很难保证企业不利用政府赋予它的垄断势力提高价格，同时向政府虚报成本获得补贴，所以很多国家采取国家经营公司的方式提供普遍服务。这种方式下，政府对成本比较了解，企业也可以通过交叉补贴的方式持续运营。不过，这种方法也存在弊端，即国家经营公司没有外来企业竞争的压力，没有通过创新削减成本的激励，导致企业技术发展缓慢。

私有制企业的做法适合那些市场经济发展较为成熟的国家，要求市场信息比较完善或者政府能够通过某种方式（比如竞标）获得企业成本信息。目前选择运营商的手段通常是竞标。这种方法比垄断情况下更有效率，但是仍然可能会出现骗补贴的现象。

竞争性市场下的普遍服务是一种比较理想的方式，但是实际上这种理论下的情况在现实中并不存在，但是很多国家都在试图建立这样一个市场。

表 7－1　　普遍服务的一般做法

管制下垄断	普遍服务实施者被保证在其服务的地区拥有垄断地位，作为交换，它们要服从地区管理部门的管理
国家所有/经营公司	很多欧洲国家会建立国有的公司来保证普遍服务
私有化	英国已经把原来国有的公司进行了私有化，甚至开放市场允许其他公司提供普遍服务
开放市场	开放市场的想法是创建一个开放、竞争的市场来决定电信需求和供应商之间的竞争，以促进服务的价格合理化

（四）普遍服务的缺点

普遍服务当然也存在明显的缺点。一是其强制性会带来整体福利的损失。在一些地形复杂的贫困地区提供服务的成本非常高，如果不考虑道德性原因，由于运营商在这些区域提供普遍服务的福利损失较大，所以为这些地区提供服务并不会提升整体的福利。二是服务效率和质量不高。在统一价格下，运营商不愿意提供更优质的服务，导致运营商经常敷衍消费者。三是容易产生垄断现象。某个企业履行了普遍服务的义务，政府肯定会出台优惠性政策，有些政策会限制其他企业进入，导致较高的进入壁垒，从而产生垄断现象。四是定价会扭曲市场规律，不利于市场自由化、合理化发展。

二、普遍服务的国际经验

无论如何，企业都是以获取利润为最终目的的，然而实施普遍服务的企业往往是亏损的，所以需要合理的补偿机制。补偿方式的选择往往和当地的市场结构相关。常见的补偿方式有交叉补贴、普遍服务基金和社会性补助等。当前国际上多采取外部补贴的方式维持普遍服务。

（一）外部补贴

1. 普遍服务基金

目前发达国家常用的方式是由政府或者企业建立特殊的普遍服务基金，用来补贴那些亏损的企业。不同国家设立普遍服务基金的具体方法也不同，基金的来源多种多样，包括政府直接提供、向运营商征收、社会捐赠等，其中采用较多的是政府直接征收，然后把基金交给政府授权的中介机构管理。基金征收比例的制定需要格外谨慎，征收得太多会遭到运营商的抵制；征收得太少又没有效率，不能达到基金的目的。在那些政府直接征收的国家，基金征收的规模一般占到总收入的1％～3％。

这种建立基金的方法可以说是一种相对成熟的方法，虽然也有效率损失，但是相比其他方法要小得多，但是建立普遍服务基金仍然存在很多问题需要解决，比如基金的来源、基金的规模、基金的发放等。

2. 社会性补助

社会性补助一般是指政府制定的优惠政策，常见的有低利息贷款、政策性援助、特殊税收等。

普遍服务一般集中在大规模、基础性的行业，资金需求量极大，基础设施建设通常要上百亿元，企业自身往往不能承担。这时候国家就会为其提供无息或者低息的贷款。这些行业风险也比较小，信誉高，银行也愿意提供长期贷款，比如电力行业基础设施建设一般自身只需要出20％～25％的资本金，其余的都可以通过银行低息贷款筹集。

特殊税收是指政府在对实施普遍服务的行业征税时提供优惠，变相地补贴它们的损失。比如对普遍服务投资免除税收，以此来吸引投资者对偏远落后地区的建设进行投资。

除了特殊税收之外，一些国家也会在其他政策上予以倾斜。比如适当放宽对普遍服务运营商的管制，在一定程度上允许其自主决策。另外就是针对具体行业，制定优惠政策。

普遍服务基金和社会性补助一般被称为外部补偿，目前多数发达国家都采取这种补偿方式，这种方式的效率损失要比交叉补贴小，且相对透明，但是仍然存在问题。如果没有政策管制的话，运营商就只会经营可以获得利润的地区。最终政府补贴在服务运营商和消费者之间的分配取决于相对弹性。

（二）一些国家的具体做法

1. 美国

早在1983年AT&T公司解体后，美国电信产业从垄断走向竞争，美国就此建立了电信普遍服务基金。1996年，美国依据新《电信法》特别设立了普遍服务管理公司（USAC），该公司通过运营普遍服务基金来为美国电信普遍服务提供资金。普遍服务基金是以电信公司的州际及国际业务收入为基数征收，征收比例由电信规制部门在每季度开始前根据相关数据评估确定。

在电力普遍服务方面，美国一方面要求开放电力市场，实行厂网功能的分离，分账核算，另一方面实行联邦和州两级监管体制。在联邦一级为联邦能源监管委员会（FERC），负责电力行业经济性监管；在州一级为公共事业监管委员会，其监管职能包括电力的普遍服务。

美国的电力普遍服务的供给是通过电力普遍服务项目（EUSP）实施的，其资金的主要来源是电力普遍服务基金。电力普遍服务基金还可以用于帮助贫困居民支付电费等。

2. 法国

法国在电力普遍服务方面也是设立普遍服务基金，但由于电力公司在法国国内处于市场垄断地位，主导着法国的电力供应（包括发电、输电和大部分供电业务），因此法国又设定了许可证附加条款。

法国的电力普遍服务的开支可以得到完全补偿，补偿标准参照总成本，补偿金额由“公共电力生产服务基金”提供。该基金的资金来源渠道包括电力生产者或其子公司、某些电力供应者、分配机构等应交的税金，基金将储存在银行的特殊账户中，进行专业化管理，同时还需接受独立监察机构的不定期检查。

3. 澳大利亚

1997年，澳大利亚根据其电信法律设立了普遍服务准备金制度，通信管制局

（ACA）作为澳大利亚的电信监管机构确定哪些区域属于净成本地区，承担这些区域通信业务的运营商可以在会计年度结束后的90天内，根据普遍服务的净成本向ACA申请一定的信用额度，同时申报各自的合理收入（合理收入＝总收入－应扣除项目收入－网间结算费）。ACA根据申报结果进行尽职调查，然后规定每个运营商的出资额（该出资额为每个运营商的出资系数乘以总的普遍服务净成本）并要求在一个月内上缴，作为普遍服务准备金。然后，ACA再根据申报的成本重新对准备金进行分配，补偿给不同的运营商。

4. 其他国家

除此以外，英国规定邮政主管部门需要会同财政部，为公共邮局或特别性质公共邮局提供的普遍服务制定有利的财政倾斜政策。日本邮政控股公司依据法律建立起了额度不超过2万亿日元的社会和地区贡献基金，以支持日本邮政的普遍服务。

三、电力的普遍服务

（一）电力普遍服务的引入

普遍服务的概念虽然是从电信业衍生的，但这一概念并不仅仅适用于电信业，也适用于所有的网络型公用事业。电力产业是具有自然垄断特征和公共服务属性的网络型产业，自然具有普遍服务的性质。2002年，《国务院关于印发电力体制改革方案的通知》（国发〔2002〕5号）将“负责监督社会普遍服务政策的实施”明确纳入了新设立的国家电力监管委员会的职责范围。这是国家首次在有关电力行业的政策上提出普遍服务的概念，也意味着国家正式明确电力企业需承担普遍服务的义务。

（二）电力普遍服务的三个基本问题

电力作为一项普遍服务需要回答三个问题：谁受益？谁供给？谁监管？

1. 电力普遍服务的受众

回答“谁受益”即确定普遍服务的需求方，或者说是电力普遍服务的受众对象。根据普遍服务的用户市场结构模型，我们也可以对电力普遍服务的受众对象进行分类。从供给成本的角度来看，农村地区居民分布零散，地理位置相对偏僻，绝大多数用户以生活用电为主，电力负荷需求密度一般较低，输配电网损较大，因此供电成本高；城市地区人口密集，输配电网能够充分发挥规模经济效应，供电成本较低。因此，可以将电力消费者细分为如表 7 - 2 所示的四类。

表 7 - 2　　　　中国电力普遍服务的对象

	低供电成本	高供电成本
低收入	城市中的低收入者（Ⅰ）	农村中的低收入者（Ⅱ）
高收入	城市中的高收入者（Ⅲ）	农村中的高收入者（Ⅳ）

对于城市中的低收入者（Ⅰ）而言，这部分居民收入有限，面临城市生活的高昂成本，基本的生活电费也可能成为重要开支，尤其是生活在城市中的孤寡老人等弱势群体，是电力普遍服务的对象。

对于农村中的低收入者（Ⅱ）而言，这部分居民家庭收入很低，可能尚处在满足温饱的状态，家庭电气化也基本处于初期状态，是电力普遍服务的重点扶持对象。

对于城市中的高收入者（Ⅲ）而言，这部分居民家庭收入高，家庭电气化程度高，电费占支出比重小，是阶梯电价的关注对象。

对于农村中的高收入者（Ⅳ）而言，这部分居民收入相对较高，电气化程度也达到了一定水平，农村生活电费不会成为其负担。

综上所述，普遍服务的重点关注对象应该是表 7 - 2 中（Ⅰ）和（Ⅱ）两类消费者，因此也具有明显的社会福利性和公益性特征。

2. 电力普遍服务的提供者

在 2002 年电力体制改革之前，电力工业作为一个独占垄断企业存在，发电厂负责把原始的煤、天然气等一次能源转化为电能，而供电局则负责把电能卖给用户。在这种垂直一体化的环境下，电价由国家和地方物价局来制定，而不是电力企业根据成本定价，这也默许了电力企业内部交叉补贴的存在。因此，电力企业实质上是普遍服务的实施主体。就当前而言，电力普遍服务的提供者实际上就是包括国家电网、南方电网及部分地方电网公司在内的供电企业。

2015 年“电改九号文”出台，明确提出中国电力市场化的进程是要将发、输、配、售各环节完全剥离，构建电力市场完全竞争的环境。这也意味着，售电公司和输电、配电企业都可以成为电力普遍服务的供给主体。而国家将更多的是承担监管的责任，通过政策、价格管制等手段保证普遍服务的目标、标准和内容、范围都落到实处。

3. 电力普遍服务的管制

规制经济学认为，市场自行运转时，易发生无效率或不公平，即出现市场失灵，因此需要政府对市场进行管制。由于电能的特殊性，储存的成本过高，电力生产过程呈现出连续性和瞬时性的特点，电力产业具有巨额沉淀成本，发电和输电、配电环节具有天然的自然垄断特征（即通过网络覆盖区域的扩大和使用者数量的增加平摊到每一单位需求上的固定成本可能不断下降，从而获得规模经济效益）。而电力本身又在一定程度上具有公共物品的性质，本质上要求对所有居民提供无歧视的电力产品。同时，电力产业还具有一定的正外部性，即推行、扩大电力的普遍服务可以带动当地经济、文化、教育、医疗卫生事业的发展，缩小地区经济差距和缓解发展不平衡。

因此，电力企业可能会为了牟取更多的利益而抬高价格或减少产出，从而造成市场失灵，损害公众利益。这也就解释了为什么要对电力行业进行监管。但过度监管可能会带来制度僵化、监管成本增加、技术创新缓慢、垄断企业内部人浮于事等一系列的问题。因此，管制的核心其实就是在公平与效率间取得平衡。

（三）中国电力普遍服务的困境

目前我国电力产业的普遍服务主要是通过国家电网和南方电网两大国有企业来实现的，其服务形式是以国家为主体委托国有公司承担普遍服务义务。一方是电力企业，一方是终端用户，作为各自区域范围内唯一的买方和卖方，在这种两头垄断的条件下，上述两家公司实际是依靠赚取收售差额和由此形成的内部交叉补贴获利（即城市补贴农村，工商业用电补贴居民用电，此外，我国还存在不同电压等级用户电价间的交叉补贴）。鉴于操作的便利性，尽管交叉补贴在一定程度上是实现电力普遍服务的有效手段，有利于实现普遍服务的有效供给，但在市场信息不对称的情况下，交叉补贴扭曲了服务价格，电力价格无法反映用电成本，损害了盈利区域消费者的利益。同时，厂商在履行电力普遍服务的义务时甚至会虚报成本骗取补贴，并造成经营缺乏效率等弊病。

现在正在进行的电力体制改革要求打破垂直一体化，开放发、输、配、售各个环节，引入竞争机制。而电力行业中，城市和大企业用户的供电成本低、利润高，在市场完全竞争的环境下，原有服务提供者或新的进入者将仅经营高获利区域或仅提供高获利服务，而不愿经营不经济区域或不愿向不经济区域提供服务，产生“撇奶油”的行为。这一方面使得偏远地区的消费者无法享受到电力普遍服务；另一方面“撇奶油”成功的进入者将压缩原有在位者的经营利润空间，使其处于劣势地位。基于经营的考虑，原有在位企业可能放弃通过交叉补贴对特定区域或特定客户群体提供电力普遍服务。这一情况如果持续存在，那么最终将导致供给困难。

四、新一轮电力体制改革

——交叉补贴和普遍服务

(一) 背景

我国认为用电是基本公共服务，电力是生活的必需品，因而建立了工商业补贴居民、城乡异价以及电网企业承担电力普遍服务的制度。在中国的电价体系中，存在工业与居民、城市居民与农村居民、高电压等级用户与低电压等级用户之间的多种交叉补贴。一般而言，工业用电电压等级较高，用电量大，供电成本较低；而居民的用电供给成本较高。相对于农村居民，城市居民的用电规模性明显，运输线路较短，因而供电成本较低。相对于电压等级较低的用户，高电压输电成本较低。与供电成本相反，在我国的电力价格体系中，工业电价较高而居民电价较低，城市居民电价较高而农村居民电价较低，高电压等级的电价较高而低电压等级的电价较低。2011 年各省份电价如图 7－1 所示。

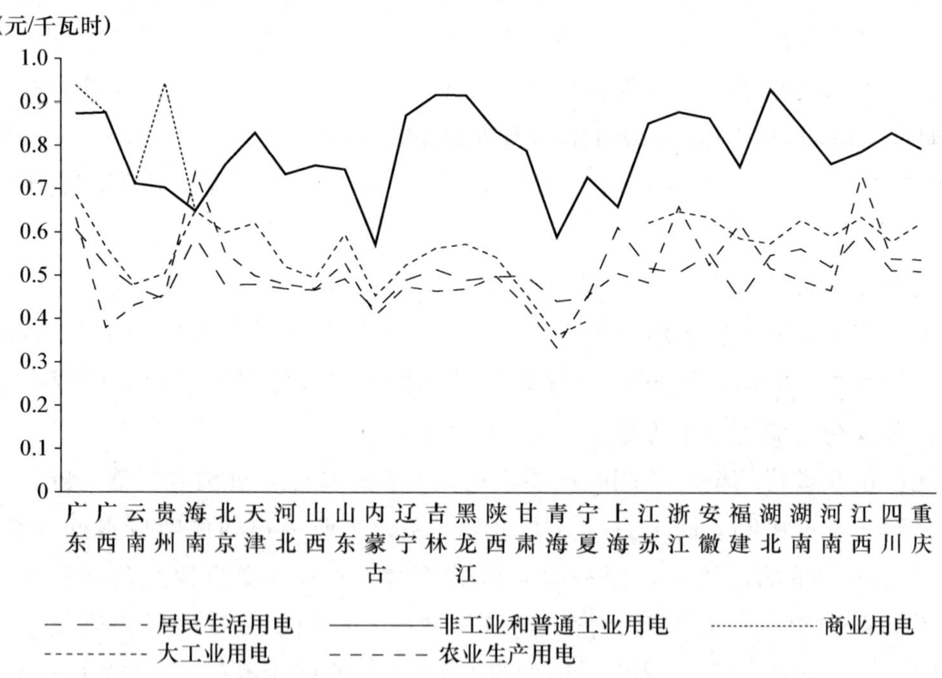

图 7－1　2011 年各省份电价

注：多种电压下的价格按最低价算（即电压最高时的价格），峰谷平电价按平时段算，湖北省按未开征城市公用事业附加费的电价算。

资料来源：《国家发改委关于调整华北电网电价的通知》（发改价格［2011］2619 号）的附件、《国家发改委关于调整东北电网电价的通知》（发改价格［2011］2620 号）的附件、《国家发改委关于调整西北电网电价的通知》（发改价格［2011］2621 号）的附件、《国家发改委关于调整华东电网电价的通知》（发改价格［2011］2622 号）的附件、《国家发改委关于调整华中电网电价的通知》（发改价格［2011］2623 号）的附件。

交叉补贴的制度安排很难评价。从不好的方面看，由于存在补贴，价格不能反映成本，存在能源过度使用造成的效率损失。从好的方面看，由于我国没有污染税，制度上安排企业承担高于其实际成本的价格可以看做某种“环境税”。而电力行业的交叉补贴其实是某种形式的环境税，具有双重红利。电网企业利用在盈利领域（工业、商业）的收益来弥补居民，是工业、商业电价对居民电价的交叉补贴。我国52%的工业能耗来自高耗能产业。通过对高耗能高污染的行业收取高电价，相当于对其征收了环境税，倒逼高耗能产业转型，实现绿色红利。而对居民实行低电价，实际是把从高耗能产业征收来的环境税返还补贴给了居民，增加了居民福利。交叉补贴这个“环境税”没有经过税收系统，而直接通过电网系统进行了再分配。

（二）电力体制改革中的相关政策及评价

1. 相关政策

在能源革命的大背景下，本轮电力改革本着“能竞争的地方充分竞争，不宜竞争的部分有效监管”的原则，充分发挥市场在电力领域的基础性作用，辅之以强有力的政府监管之手，以改革实现电力领域的潜在红利。“电改九号文”关于改革的重点和基本路径可以概括为“三放开、一相对独立、三强化”。“三放开”是指放开新增配售电市场，放开输配以外的经营性电价，公益性和调节性以外的发用电计划放开；“一相对独立”是指交易机构相对独立；“三强化”是指强化政府监管，强化电力统筹规划，强化电力安全高效运行和可靠供应。

“电改九号文”通过界定电网企业的性质和理顺电力价格的机制，在搞好普遍服务和突破交叉补贴上做出了尝试。该文件将电网企业的性质界定为，电网企业主要从事电网投资运行、电力传输配送，负责电网系统安全，保障电网公平无歧视开放，按国家规定履行电力普遍服务义务。其模式将由之前的营利性单位变为公用事业单位，从以往的购售电差价转变为成本和合理利润相结合的模式，只收政府核定的输配电价，即“过路费”，起到“电力输送通道”作用。通过“三放开”，将发电侧原有的发电计划、发电厂的上网电价放开，将售电侧的终端用户电价以及用电计划放开。政府把定价权交出来，让供需双方交易形成价格，这样利于形成发电用电市场。最终电价将主要分为发电价格、输配电价、售电价格，其中输配电价由政府核定，发售电价格由市场形成。

相关的配套文件在“确保价格的市场形成机制”方面也做出了相应的安排。例如，在配套文件二《关于推进电力市场建设的实施意见》第三部分“主要任务”中提到，“按成本最小原则建立现货交易机制，发现价格”。在配套文件四《关于有序放开发用电计划的实施意见》第四部分“切实保障电力电量平衡”中提到，“组织符合条件的电力用户和发电企业，通过双边交易或多边交易等方式，确定交易电量和交易价格”。在配套文件五《关于推进售电侧改革的实施意见》的“市场化交易”中提到，“放开的发用电计划部分通过市场交易形成价格，未放开的发电计划部分执行政府规定的电价。市场交易价格可以通过双方自主协商确定或通过集中撮合、市场竞价的方式确定”。

同时，配套文件将公用事业和居民用电需求放在优先供应的特殊地位，在一定程度上维持了现行的交叉补贴的普遍服务。例如，配套文件二《关于推进电力市场建设的实施意见》中提出“建立优先购电、优先发电制度”。在配套文件四《关于有序放开发用电计划的实施意见》第一部分“总体思路和主要原则”中明确，“政府保留必要的公益性、调节性发用电计划，以确保居民、农业、重要公用事业和公益性服务等用电。在有序放开发用电计划的过程中，充分考虑企业和社会的承受能力，保障基本公共服务的供给。常态化、精细化开展有序用电工作，有效保障供需紧张情况下居民等重点用电需求不受影响”。配套文件五《关于推进售电侧改革的实施意见》第二部分“售电侧市场主体及相关业务”中明确，“电网企业在保障电网安全和不影响其他用户正常供电的前提下，按照规定的程序、内容和质量要求向相关用户供电，并向不参与市场交易的工商业用户和无议价能力用户供电，按照政府规定收费”。

2. 影响评价

目前，我国电力部门承担了很重的公共事业服务部门的职能，为居民、农村、山区、落后地区提供了大量普遍服务。我国普遍服务的电价是远低于发达国家的，但是居民、农村、山区、落后地区的发电成本其实是高于工商业规模用电大户的，也就是说我国电力部门一直亏本提供服务。如果完全放开售电业务，私人资本就必然只会冲着有利可图的市场去，会出现跟民营快递行业一样的“撇奶油”行为，而最难最艰苦的普遍服务还是留给电网，那么亏本部分（交叉补贴）的资金从哪里来？普遍服务工作电网是否还有义务承担？在电网和配售电企业都不承担的情况下，居民、农村、山区、落后地区的电价是否会大幅上扬，甚至有钱都买不到服务？民生如何保障，社会稳定如何维护？可见，极速的改革风暴未必是最合适的。反而像现在这样，保留原有售电业务，给一定的时间期限，通过经济发展和就地城镇化实现居民的收入增长以及边远地区的人口迁徙。收入的增长有助于降低居民对价格的敏感程度，人口向城镇聚集也会减少边远地区的服务需求，自然就不需要现在这样多的普遍服务了。届时再把部分放开过渡到全部放开就不会对经济社会造成过大冲击。

此次电力改革下，市场竞争的要素将由电量计划竞争向成本、环保和安全等要素的综合竞争转变。电力改革会牵涉众多利益相关方，既有可以分得改革大蛋糕的收益方，也有因改革而出现危机的受损方，本节就对各个利益相关主体进行分析。

一是对发电企业的影响。对发电企业来讲，计划取消了，谁有本事降耗、降能，降低成本，多发、多卖，谁的效益就更好。在竞争性市场发电企业拼的就是优质低价高性价比，那么水电、坑口煤电、核电等发电成本低的企业无疑将最先受益。而在当前低碳环保、电力供大于求的背景下，火电行业内部盈利能力分化，大型机组盈利逐步提升、中小型机组盈利逐步下降将是行业新常态。

二是对售电侧企业的影响。在负责配电的过程中，企业要承担一定的调度角色，这为企业在所负责区域里建设自己的发电企业创造了天然优势。

三是对电网的影响。电网企业不再吃差价，而是采用成本加适当利润的模式。这一方面会鼓励电网降低成本，另一方面会激励电网增加售电量，从而会对有助于实现电网自动化的电力设备企业产生利好。此外，根据市场规模核定一个确保收益的机制，虽然收益率不高，但是收益稳定，会鼓励存款性投资机构（例如社保基金、固定收益基金）和一些比较保守的投资者进入该领域。

新一轮电力改革对供电侧的影响如表 7－3 所示。

表 7－3　　新一轮电力改革对供电侧的影响

<table>
<tr><th></th><th colspan="2">主体</th><th>目标函数</th><th>约束条件</th><th>“电改九号文”
改变了什么</th><th>可能的影响</th></tr>
<tr><td rowspan="6">供电侧</td><td rowspan="4">发电厂</td><td rowspan="2">火电</td><td rowspan="2">利润最大化</td><td rowspan="2">成本
议价能力
市场竞争</td><td>议价能力↑</td><td>电价↑发电量?</td></tr>
<tr><td>市场竞争↑</td><td>电价↓发电量?</td></tr>
<tr><td>新能源</td><td>利润最大化</td><td>成本</td><td>补贴?</td><td>?</td></tr>
<tr><td>调节性电厂</td><td>调峰调频
电力供应保障</td><td>成本
技术</td><td>—</td><td>—</td></tr>
<tr><td colspan="2">电网公司</td><td>普遍服务
供电安全
利润最大化</td><td>成本
技术
议价能力</td><td>新增配电放开
售电剥离
政府核定过网费</td><td>规模变小
高速公路化
保险功能（蓄水池）</td></tr>
<tr><td colspan="2">售电商</td><td>利润最大化</td><td>准入限制</td><td>售电市场放开</td><td>收益↑</td></tr>
</table>

四是对用户的影响。新一轮电力改革对用户更加有利。在竞争性市场下，用户拥有了选择权，对于服务差的售电方可以用脚投票。尤其是用电大户，例如互联网企业作为用电大户，在与售电方谈判中将获得更大的优势，会享受到

低廉灵活的电价。

新一轮电力改革对用电侧的影响如表 7－4 所示。

表 7－4　　　　新一轮电力改革对用电侧的影响

<table>
<tr><th></th><th>主体</th><th>目标函数</th><th>约束条件</th><th>“电改九号文”
改变了什么</th><th>可能的影响</th></tr>
<tr><td rowspan="4">用
电
侧</td><td rowspan="2">企业</td><td rowspan="2">供应稳定
低成本电价</td><td rowspan="2">议价能力</td><td>供电市场结构改变，竞争加剧</td><td>经营性电价↓用电成本↓
电价↓（大用户直供）</td></tr>
<tr><td>电力价格形成机制改变</td><td>全成本定价：电价↑
燃料成本变动：电价?
取消交叉补贴：电价↓</td></tr>
<tr><td>居民</td><td>稳定电力供给
低成本电价</td><td>议价能力
缺乏选择权</td><td>政府定价</td><td>取消交叉补贴：电价↑
不取消交叉补贴：有更多选择</td></tr>
<tr><td>偏远地区</td><td>电力可获得
低成本电价</td><td>供电设施</td><td>保留公益性发电用电计划</td><td>普遍服务打折扣?</td></tr>
</table>

五是对可再生能源的影响。近年来可再生能源并网的比例越来越大，使发电侧和用电侧具有双侧随机性，电力系统的整体规划必须强化。因此本次改革给予了可再生能源充分的重视和保障。如果再结合配套政策，则“电改九号文”的新增配售电市场几乎是为可再生能源量身打造的。这是放水养鱼，把可再生能源培养成新的、支持电改的利益团体，成为下一轮改革的推动者。同时，可再生能源在我国能源供给结构中的比例提高，对保障国家能源安全也有不可忽略的作用。

六是对政府的影响。“电改九号文”的出台使中央政府和地方政府都产生了一定的改变。对中央政府来说，“电改九号文”的出台强化了中央的统筹规划能力，强化了中央的监管能力，同时也下放了电力项目的审批权限，更好地明确了中央政府的角色，一定程度上解决了信息不对称带来的项目审批针对性不强等问题；对地方政府来说，“电改九号文”明确了跨省跨区的电力交易机制，一定程度上解决了地方保护主义问题。但同时，新一轮的电改也对中央政府和地方政府产生一些不确定的影响。对中央政府来说，这些影响包括：一是交叉补贴由谁来承担；二是普遍服务的功能由谁来负责，属于政府的职能需要进一步明确。对地方政府来讲，由于整体资源的盘活，电价可能会下降，高耗能产业和过剩产能会由于成本不高或者监管程度不同而进一步增加。

新一轮电力改革对政府的影响如表 7－5 所示。

表 7－5　　新一轮电力改革对政府的影响

	主体	目标函数	约束条件	“电改九号文”改变了什么	可能的影响
政府	中央政府	普遍服务 电力供应稳定 电力价格合理 节能减排	信息不对称	强化统筹规划 强化监管 下放电力项目审批权限	交叉补贴花落谁家？财政部？ 普遍服务绣球砸中谁？民政部？
	地方政府	以电力保增长 普遍服务 电力价格合理 节能减排	财政资源有限	跨省跨区电力交易机制	电价↓高耗能产业和过剩产能↑

3. 对后续改革进程的建议

总体而言，我国电力体制改革的指导思想是坚持社会主义市场经济改革方向，从我国国情出发，坚持清洁、高效、安全、可持续发展，全面实施国家能源战略，加快构建有效竞争的市场结构和市场体系，形成主要由市场决定能源价格的机制，转变政府对能源的监管方式，建立健全能源法制体系。

一是保障电力稳定供给。首先，对电力行业来说，任何改革必须以确保电力供应的实时平衡、稳定运行和安全可靠为目标。在可预见的未来，我国城镇化和工业化还将持续，电力需求增长趋势很难发生逆转。在这样的局面下，确保电力供应实时平衡既是电力普遍服务的主要内容，也是电力市场改革必须关注的核心目标之一。其次，缓解可再生能源发电的冲击以确保电力的稳定供应。在火电之外，我国可再生能源发电的占比有明显的增加，可再生能源发电容易受气候、技术等因素的影响，再加上可再生能源发电的占比不断提高，确保电力稳定供应的目标从而变得更为重要。最后，确保电力供应安全可靠。随着中国经济高速发展，对电力安全可靠的要求越来越高，停电是经济社会无法承受的“灾难”。在大力发展可再生能源电力与远距离跨省（区、市）电力输送的情况下，对辅助设备、安全电网的建设（如特高压、超高压电网）提出了更高的要求。

二是提升效率，降低成本。多措并举提升发电效率、降低生产成本是电力市场改革的关键目标。按照节能减排工作的要求，应安排大容量、低能耗机组多发电，从而有效地降低整个电力行业的平均供电煤耗水平。当前，我国很多高能效电厂的生产能力并没有得到充分利用，仅获得了较少的发电小时数；部分供电煤耗高、供电能源效率低的“落后”电厂却获得了较高的发电小时数，这无疑将部分抵消能源效率高的电厂对全行业供电煤耗带来的改进。这些发电机组的能源效率与利用小时数倒挂的现象造成了资源的巨大浪费，提高了生产成本，迫切需要通过电力市场改革严格淘汰落后产能，让高效率企业发电，进而推动电力行业乃至整体宏观经济运行成本的降低。

三是保障民生，保证电价可负担。我国电力行业长期存在电价交叉补贴问题，电价市场化的同时，交叉补贴机制也需改革。我国电价存在的交叉补贴形式包括：（1）工商业用户长期补贴居民用电；（2）城市用户补贴农村用户；（3）同类用户之间存在交叉补贴。通过政府“有形之手”的强制调节，交叉补贴在保障民生方面起了很大的作用。但新一轮电改实施过程中，按照“管住中间、放开两头”的体制构架，发电和售电环节价格由市场形成，输配电价逐步过渡到按“准许成本加合理收益”的原则核定，而鉴于我国区域发展不平衡，地区差距、城乡差距较大，解决特殊地区（主要是农村地区、贫困地区和边远地区）的用电问题，任务重、难度大。因此，在改革交叉补贴机制的过程中应秉持效率优先的原则，充分考虑各地区工商业用户和居民的电价承受能力，在维持现行销售电价水平的基础上，以明补代替暗补、少补代替多补，逐渐提高居民电价，适当降低工商业用户电价，逐步减少销售电价中的交叉补贴。

四是要大力发展清洁电力。电力的清洁发展是电力可持续发展的必然要求。要在解决环境污染问题的同时保证电力可靠供应，就要提高绿色电力的比重，发展清洁能源，采用大型水电、新能源发电基地的远距离输电，扩大外送规模。因此，电网也将成为电力清洁可持续发展的重要支撑。但是中国的电源中心与负荷中心反向分布，清洁能源和大型煤电基地大部分集中在西部和北部，在没有远距离输电技术时，较大规模地利用清洁电力就难以实现。因此，电力市场建设过程中，应该逐步提高清洁电力的比重，不仅要提高全国清洁电力的比重，更应提高每一省份清洁电力的比重，实现清洁能源对煤电的替代。

总之，电力体制改革应该寻求一个兼顾安全、效率和公平的平衡目标，放开两头，管住中间，提供足够有效的激励机制保障电源和电网建设，保障电力供给与安全，以满足经济发展的要求。要建立一个竞争充分的发电和售电市场，防止串谋和市场势力造成的效率损失。要监管住具有自然垄断特点的输配电网。应实现电力向清洁化的转变，以减少污染与应对气候变化。要协同考察环境税、碳税、碳市场。应逐步扩大清洁能源的比重，实现清洁能源对煤电的替代。要继续提供普遍服务，保障城乡同价，使地区间电价差距不扩大，以实现共同富裕、共同发展。

参考文献

[1] Alexander Vaninsky. Efficiency of electric power generation in the United States: analysis and forecast based on data envelopment analysis [J]. Energy Economics, 2006, 28 (3): 326-338.

[2] Andrej Juris. Development of competitive natural gas markets in the United States [C]. Washington D. C: The World Bank, 1999.

[3] Andrej Juris. Gas reform in Ukraine: monopolies, markets, and corruption [C]. Washington D. C. : The World Bank, 1999.

[4] Andrej Juris. Natural gas markets in the U. K. : Competition, industry structure, and market power of the incumbent [C]. Washington D. C. : The World Bank, 1999.

[5] Andrews-Speed Philip Dow Stephen. Reform of China's electric power industry challenges facing the government [J]. Energy Policy, 2000, 28 (5): 335-347.

[6] BP. Energy Outlook 2030 [M]. London: the United Kingdom, BP, 2013.

[7] Chai J. , Guo J. E. , Wang S. Y. , Lai, K. K. Why does energy intensity fluctuate in China? [J]. Energy Policy, 2009, 37 (12): 5717-5731.

[8] Chan H. L. , Lee S. K. . Forecasting the demand for energy in China [J]. The Energy Journal, 1996, 17 (1): 19-30.

[9] Chenery H. B. . Patterns of industrial growth [J]. The American Economic Review, 1960, 50 (4): 624-654.

[10] Clark C.. The Conditions of Economic Progress [M]. London: Macmillan, 1967.

[11] David A. Deese, Joseph S. Nye. Energy security: energy and security [J]. Energy Policy, 1981, 2 (3): 166-169 .

[12] Deborah Gordon. Insecurity from Asia's growing oil imbalance [J]. BOAO Review , OP-ED, 2015 (3): 97-99.

[13] Dong S.. Energy demand projections based on an uncertain dynamic system modeling approach [J]. Energy Sources, 2000, 22 (5), 443-451.

[14] Edward W. Chester. United States Oil Policy And Diplomacy: a twentieth century overview [M]. Greenwood Press, 1983.

[15] EIA. International Energy Outlook 2000 [M]. Washington D. C. , 2000.

[16] EIA. International Energy Outlook 2013 [M]. Washington D. C. , 2013.

[17] European Commission. Assessing the case for EU legislation on the safety of pipelines and the possible impacts of such an initiative [R]. European Commission, 2011.

[18] Fisher-Vanden K. , Jefferson G. H. , Liu H. , Tao Q.. What is driving China's decline in energy intensity? [J]. Resource and Energy Economics, 2004, 26 (1): 77-97.

[19] Gao H, Biesebroeck J. V.. Effects of deregulation and vertical unbundling on the performance of China's electricity generation sector [J]. Journal of Industrial Economics, 2011, 62 (1): 41-76.

[20] Hofman B. , Labar K.. Structural change and energy use: evidence from China's provinces [R]. World Bank China Working Paper Series, 2007 (6).

[21] IEA. World Energy Outlook 2000 [M]. OECD, Paris, 2000.

[22] IEA. World Energy Outlook 2014 [M]. OECD, Paris, 2014.

[23] IEEJ. Asian/World Energy Outlook 2014 [M]. Japan, 2014.

[24] International Energy Agency. Gas pricing and regulation: China's challenges and IEA experience [R]. Beijing: British Embassy, 2012.

[25] John Mitchell. More for Asia: rebalancing world oil and gas [M]. Chatham House, 2010.

[26] Kahrl F. , Roland-Holst D. , Zilberman D.. Past as prologue? under-

standing energy use in post-2002 China [J]. Energy Economics, 2013 (36): 759-771.

[27] Kahrl F., Roland-Holst D.. Growth and structural change in China's energy economy [J]. Energy, 2009, 34 (7), 894-903.

[28] Kahrl Fredrich. The political economy of electricity dispatch reform in China [J]. Energy Policy, 2013, 53 (1): 361-369.

[29] Kambara T.. The energy situation in China [J]. The China Quarterly, 1992, 131 (131): 608-636.

[30] Kim Y., Worrell E.. International comparison of CO_2 emission trends in the iron and steel industry [J]. Energy policy, 2002, 30 (10): 827-838.

[31] Kira R. Fabrizio, Nancy L. Rose, Catherine D. Wolfram. Do markets reduce costs? assessing the impact of regulatory restructuring on U. S. electric generation efficiency [J]. American Economic Review, 2007, 97 (4): 1250-1277.

[32] Kleit Andrew N., Dek Terrell. Measuring potential efficiency gains from deregulation of electricity generation: a Bayesian approach [J]. The Review of Economics and Statistics, 2001, 83 (3) 523-530.

[33] Knittel Christopher R.. Alternative regulatory methods and firm efficiency: stochastic frontier evidence from the U. S. electricity industry [J]. The Review of Economics and Statistics, 2002, 84 (3): 530-540.

[34] Kuznets S.. Economic growth of nations: total output and productions structure [M]. London: Cambridge University Press, 1971.

[35] Laffont Jean-Jacques, Jean Tirole. A theory of incentives in procurement and regulation [M]. Cambridge, MA: MIT Press, 1993.

[36] Lam P. L., Shiu A.. Efficiency and productivity of China's thermal power generation [J]. Review of Industrial Organization, 2004, 24 (1): 73-93.

[37] Lee C. C., Chang C. P.. Energy consumption and economic growth in Asian economies: a more comprehensive analysis using panel data [J]. Resource & Energy Economics, 2008, 30 (1): 50-65.

[38] Lee C. C., Chang C. P.. Energy consumption and GDP revisited: a panel analysis of developed and developing countries [J]. Energy Economics, 2007, 29 (6): 1206-1223.

[39] Lee C. C., Lee J. D.. A panel data analysis of the demand for total energy

and electricity in OECD countries [J]. Energy Journal, 2010, 31 (1), 1-24.

[40] Lewis J. I., Fridley D. G., Sinton J. E., Lin J.. Sectoral and geographic analysis of the decline in China's national energy consumption in the late 1990s [C]. Proceedings of the ACEEE Summer Study on Energy Efficiency in Industry, 2003.

[41] Liao H., Fan Y., Wei Y.. What induced China's energy intensity to fluctuate: 1997-2006? [J]. Energy Policy, 2007, 35 (9): 4640-4649.

[42] Limin D., Jie M., Jinchuan S.. Assessing the impact of regulatory reforms on China's electricity generation industry [J]. Energy Policy, 2009, 37 (2): 712-720.

[43] Lin B., Ouyang X.. Energy demand in China: comparison of characteristics between the U. S. and China in rapid urbanization stage [J]. Energy Conversion and Management, 2014 (79): 128-139.

[44] Lu Qi, Gu Pei-liang, Qiu Shi-ming. The construction and application of combination forecasting model in Chinese energy consumption system [J]. Systems Engineering-theory & Practice, 2003 (3): 24-30.

[45] Ma B., Song G., Zhang L., Sonnenfeld D. A.. Explaining sectoral discrepancies between national and provincial statistics in China [J]. China Economic Review, 2014 (30): 353-369.

[46] Ma C., Stern D. I.. China's changing energy intensity trend: a decomposition analysis [J]. Energy economics, 2008, 30 (3): 1037-1053.

[47] Maddison A.. Chinese economic performance in the long run [M]. Paris: OECD, 2007.

[48] Madhu, Kusum, Aman. Parametric and semi-parametric estimation of the effect of firm attributes on efficiency: the electricity generating industry in India [J]. The Journal of International Trade and Economic Development, 1998, 8 (4): 419-436.

[49] Malik Kabir, Cropper Maureen, Limonov Alexander, Singh Anoop. The Impact of electricity sector restructuring on coal-fired power plants in India [J]. Energy Journal, 2015, 36 (4): 287-312.

[50] Masih A. M. M., Masih R.. A multivariate cointegrated modelling approach in testing temporal causality between energy consumption, real income and

prices with an application to two Asian LDCs [J]. Applied Economics, 1998, 30 (10), 1287−1298.

[51] Masih A. M. M., Masih R.. Energy consumption, real income and temporal causality: results from a multi-country study based on cointegration and error correction modeling techniques [J]. Energy Economics, 1996, 18 (3): 165−183.

[52] Medlock III K. B., Soligo R.. Economic development and end-use energy demand [J]. The Energy Journal, 2001 (22): 77−105.

[53] Mehrara M.. Energy consumption and economic growth: the case of oil exporting countries [J]. Energy Policy, 2007, 35 (5): 2939−2945.

[54] Mi Z. F., Pan S. Y., Yu H., Wei Y. M.. Potential impacts of industrial structure on energy consumption and CO_2 emission: a case study of Beijing [J]. Journal of Cleaner Production, 2015 (103): 455−462.

[55] Michael Klare. Resource wars: the new landscape of global conflict with a new introduction by the author [M]. Holt Paperbacks, 2002.

[56] Michael Klare. Rising powers, shrinking planet: the new geopolitics of energy [M]. Holt Paperbacks, 2009.

[57] Mukherjee K.. Energy use efficiency in U. S. manufacturing: a nonparametric analysis [J]. Energy Economics, 2008, 30 (1): 76−96.

[58] MyersJ. G., Nakamura L. I.. Saving energy in manufacturing: the post-embargo record [M]. Ballinger Pub Co, 1978.

[59] Oh W., Lee K. (2004). Energy consumption and economic growth in Korea: testing the causality relation [J]. Journal of Policy Modeling, 2004, 26 (8): 973−981.

[60] Oh W., Lee K.. Causal relationship between energy consumption and GDP revisited: the case of Korea 1970−1999 [J]. Energy Economics, 2004, 26 (3): 51−59.

[61] Olatubi Williams O., Dismukes, David E.. A data envelopment analysis of the levels and determinants of coal-fired electric power generation performance [J]. Utilities Police, 2000, 9 (2): 47−59.

[62] Ozturk I., Aslan A., Kalyoncu H.. Energy consumption and economic growth relationship: evidence from panel data for low and middle income countries [J]. Energy Policy, 2010, 38 (8): 4422−4428.

［63］ Panchamukhi V. R. , Nambiar R. G. , Mehta R. . Structural change and economic growth in developing countries：the balance between industry and agriculture in economic development [M]. Palgrave Macmillan UK, 1989.

［64］ Paul L. Joskow. Restructuring, competition and regulatory reform in the U. S. electricity sector [J]. The Journal of Economic Perspectives, 1997, 11 (3): 119-138.

［65］ Paul L. Joskow. The difficult transition to competitive electricity markets in the U. S. [R]. Cambridge Working Papers in Economics, Department of Applied Economics, University of Cambridge, 2003.

［66］ Paul W. MacAvoy. The natural gas market: sixty years of regulation and deregulation [M]. Yale University, 2000.

［67］ Paul W. Parfomak. Keeping America's pipelines safe and secure: key issues for Congress. [R]. CRS Report for Congress. 2013.

［68］ Petty W. . Political arithmetick [M]. Archive for the History of Economic Thought, 1988: 233-313.

［69］ Reitler W. , Rudolph M. , Schaefer H. . Analysis of the factors influencing energy consumption in industry: a revised method [J]. Energy Economics, 1987, 9 (3): 145-148.

［70］ Rosen D. H. , Houser T. . What drives China's demand for energy (and what it means for the rest of us) [R]. Peterson Institute for International Economics. Washington, D. C. , 2007.

［71］ S. H. Yoo. The causal relationship between electricity consumption and economic growth in the ASEAN countries [J]. Energy Policy, 2006, 34 (18): 3573-3582.

［72］ Saccone D. , Valli V. . Structural change and economic development in china and India [J]. SSRN Electronic Journal, 2009, 6 (1): 101-119.

［73］ Schäfer A. . Structural change in energy use [J]. Energy Policy, 2005, 33 (4): 429-437.

［74］ Shiu A. , Lam P. . Electricity consumption and economic growth in China [J]. Energy Policy, 2004, 32 (1): 47-54.

［75］ Song F. , Zheng X. . What drives the change in china's energy intensity: combining decomposition analysis and econometric analysis at the provincial level

[J]. Energy Policy，2012 (51)：445－453.

[76] Soytas U.，Sari R.. Energy consumption and GDP：causality relationship in G-7 countries and emerging markets [J]. Energy Economics，2003，25 (1)：33－37.

[77] Stratford Douglas. Measuring gains from regional dispatch：coal-fired power plant utilization and market reforms [J]. The Energy Journal，2006 (27)：119－138.

[78] Sun J.. Changes in energy consumption and energy intensity：a complete decomposition model [J]. Energy economics，1998，20 (1)，85－100.

[79] Sun J.. The nature of CO_2 emission Kuznets curve [J]. Energy policy，1999，27 (12)，691－694.

[80] The CSIS Strategic Energy Initiative. The geopolitics of energy into the 21st century，volume 1：an overview and policy consideration [M]. CSIS Press，2000.

[81] Toichi T. Energy security in Asia and Japanese policy [J]. Asia Pacific Review，2010，10 (1)：44－51.

[82] Wang Yishu，Xie Baichen，Shang Lifeng，LiWenhua. Measures to improve the performance of China's thermal power industry in view of cost efficiency [J]. Applied Energy，2013 (112)：1078－1086 .

[83] Wei Y.，Liao H.，Fan Y.. An empirical analysis of energy efficiency in China's iron and steel sector [J]. Energy，2007 (32)：2262－2270.

[84] Wirtshafter R. M.. Decentralization of China's electricity sector：is small beautiful [J]. World Development，1990，18 (4)：505－512.

[85] World Bank. China 2020：development challenges in the new century [R]. Washington，DC：World Bank，1997.

[86] Yang Hongliang，Pollitt Michael. Incorporating both undesirable outputs and uncontrollable variables into DEA：the performance of Chinese coal-fired power plants [J]. European Journal of Operational Research，2009 (197)：1095－1105.

[87] Yu Choi. The causal relationship between energy and GNP：an international comparison [J]. Journal of Energy and Development ，1985 (10)：249－272.

[88] Yuan J.，Kang J.，Zhao C.，Hu Z.. Energy consumption and economic growth：evidence from China at both aggregated and disaggregated levels [J]. Ener-

gy Economics，2008，30（6）：3077－3094.

［89］Zhao Xiaoli，Ma Chunbo. Deregulation，vertical unbundling and the performance of China's large coal-fired power plants［J］. Energy Economics，2013（40）：474－483.

［90］白重恩，杜颖娟，陶志刚，等. 地方保护主义及产业地区集中度的决定因素和变动趋势［J］. 经济研究，2004（4）：29－40.

［91］蔡昉，陆旸. 以潜在增长率确定中国经济增长速度目标［J］. 中国经济学人：英文版，2015（2）：6－21.

［92］陈尚斌，朱炎铭，王红岩，等. 中国页岩气研究现状与发展趋势［J］. 石油学报，2010，31（4）：689－694.

［93］陈志建，王铮. 全球石油供应下新地缘政治经济格局分析［J］. 世界地理研究，2015，24（3）：1－13.

［94］仇玄，张蕾. 油价机制还可以改［J］. 中国石油石化，2014（23）：42.

［95］董大忠等. 中国页岩气勘探开发新突破及发展前景思考［J］. 地质勘探，2016，36（1）：19－32.

［96］菲利普·赛比耶. 石油地缘政治［M］. 潘革平，译. 北京：社会科学文献出版社，2008.

［97］冯相昭，李静，王敏，等. 基于SWOT的中国页岩气开发战略评析［J］. 环境与可持续发展，2013（2）：15－20.

［98］傅书逷，王海宁. 关于节能减排与电力市场的结合［J］. 电力系统自动化，2008（6）：31－34.

［99］郭阳旭. 论国际能源合作对国家经济安全的影响［J］. 特区经济，2006（6）：12－13.

［100］井志忠. 自然垄断行业市场化改革后市场操纵力与竞争效率研究［J］. 经济纵横，2005（9）：20－22.

［101］李永友. 中国地方财政资金配置效率核算与分析［J］. 经济学家，2010（6）：95－102.

［102］林伯强. 结构变化、效率改进与能源需求预测：以中国电力行业为例［J］. 经济研究，2003（5）：57－65，93.

［103］刘新宇. 近中期全球能源供需格局下我国能源发展策略调整建议［J］. 经济纵横，2016，362（1）：31－34.

［104］柳瑞禹，陈岸，肖亚洲. 基于节能减排的电量替换经济补偿分析［J］.

技术经济，2010（7）：42-45.

［105］陆寒寅. 亚洲石油秩序的演绎：浅析三次石油危机对亚洲经济的影响［J］. 东北亚论坛，2006，15（3）.

［106］陆铭，欧海军. 高增长与低就业：政府干预与就业弹性的经验研究［J］. 世界经济，2011（12）：3-31.

［107］陆争光. 中国页岩气产业发展现状及对策建议［J］，国际石油经济，2016，24（4）：48-54.

［108］麦一. 日本上游油气行业的所有制变迁［EB/OL］.（2014-09-02）［2014-09-02］. http://mp.weixin.qq.com/s?_biz=MjM5OTY4NjAwMQ==&mid=200736966&idx=1&sn=a14c9600cb1a186a597bb65ec9bc9983&scene=1&srcid=1226OWMQMbyoV1hRxestVMt4#rd.

［109］庞昌伟. 国际石油政治经济学［M］. 北京：中国石油大学出版社，2008.

［110］白龙涛. 山东、山西两省差别发电量政策简介［J］. 节能与环保，2007（10）：7-8.

［111］尚金成，张立庆. 电力节能减排与资源优化配置技术的研究与应用［J］. 电网技术，2007（22）：58-63.

［112］史丹. 产业结构变动对能源消费的影响［J］. 经济理论与经济管理，2003（8）：30-32.

［113］史丹. 结构变动是影响我国能源消费的主要因素［J］. 中国工业经济，1999（11）：38-43.

［114］舒源. 国际关系中的石油问题［M］. 昆明：云南人民出版社，2010.

［115］孙霞. 中亚能源地缘战略格局与多边能源合作［J］. 世界经济研究，2008（5）.

［116］谭忠富，刘柯，宋艺航，等. 节能发电调度政策对能源与环境的影响分析模型［J］. 华东电力，2012（9）：1464-1468.

［117］唐要家. 中国工业产业绩效影响因素的实证分析［J］. 中国经济问题，2004（4）：28-36.

［118］滕吉文，等. 中国页岩气成藏和潜在产能与对环境的污染分析. 中国地质，2013，40（1）：1-29.

［119］王海运，许勤华. 能源外交概论［M］. 北京：社会科学文献出版社，2012.

［120］王文甫，明娟，岳超云．企业规模、地方政府干预与产能过剩［J］．管理世界，2014（10）：17-36．

［121］王信茂．我国电力投资体制改革30年回顾［J］．电力技术经济，2008（6）：1-8．

［122］王亚栋．能源与国际政治［D］．北京：中共中央党校，2012．

［123］王中华．国内页岩气开采技术进展［J］．中外能源，2013（18）：23-32．

［124］伍福佐．亚洲能源消费国间的能源竞争与合作：一种博弈的分析［M］．上海：上海人民出版社，2010．

［125］徐博，刘芳．产业结构变动对能源消费的影响［J］．辽宁工程技术大学学报（社会科学版），2004（5）：499-501．

［126］徐小杰．新世纪的油气地缘政治：中国面临的机遇与挑战［M］．北京：社会科学文献出版社，1998．

［127］于良春，杨淑云，于华阳．中国电力产业规制改革及其绩效的实证分析［J］．经济与管理研究，2006（10）：35-40．

［128］俞燕山．怎样改革中国电力体制［N］．中国财经报，2013-01-26（6）．

［129］张建新．能源与当代国际关系［M］．上海：上海人民出版社，2014．

［130］张蕾．美国天然气市场放松管制历程［J］．南方能源观察，2015（8）．

［131］赵勇，杨海波．页岩气开发现状及成功开发页岩气的关键因素［J］，中外能源，2011，16（7）：47-50．

［132］郑婕，张伟，王加平．节能量交易机制研究综述［J］．科技管理研究，2015（7）：209-213．

［133］郑新业．中国能源革命的缘起、目标与实现路径［R］．中国人民大学国家发展战略研究院工作论文，2015．

［134］邹才能，董大忠，王玉满，等．中国页岩气特征、挑战及前景（二）［J］．石油勘探与开发，2016，43（2）：1-13．

图书在版编目（CIP）数据

中国能源经济展望. 2016/郑新业，陈占明主编
. --北京：中国人民大学出版社，2020.12
（中国人民大学研究报告系列）
ISBN 978-7-300-28941-0

Ⅰ. ①中… Ⅱ. ①郑… ②陈… Ⅲ. ①能源经济-经济发展-研究报告-中国-2016 Ⅳ. F426.2

中国版本图书馆 CIP 数据核字（2021）第 008363 号

中国人民大学研究报告系列
中国能源经济展望 2016
主　编　郑新业　陈占明
Zhongguo Nengyuan Jingji Zhanwang 2016

出版发行　中国人民大学出版社
社　　址　北京中关村大街 31 号　　邮政编码　100080
电　　话　010－62511242（总编室）　010－62511770（质管部）
　　　　　010－82501766（邮购部）　010－62514148（门市部）
　　　　　010－62515195（发行公司）　010－62515275（盗版举报）
网　　址　http://www.crup.com.cn
经　　销　新华书店
印　　刷　北京玺诚印务有限公司
规　　格　185 mm×260 mm　16 开本　　版　　次　2020 年 12 月第 1 版
印　　张　9 插页 1　　印　　次　2020 年 12 月第 1 次印刷
字　　数　164 000　　定　　价　32.00 元

检04
玺诚